Publisher:
Slobodna Dalmacija d.d. - Split

For the publisher:
Srđan Kovačić

Editor:
Tourist Board of Split
Vedran Matošić

Text written by:
Joško Belamarić

Translation:
English:
Nataša Bušić

Italian:
Linda Palameta

German:
Damir Grgas

French:
Gerard Denegri

Concept and design:
Mario Brzić

Photos:
Branko Ostojić

Artwork:
Vjekoslav Stipica;   Đenko Stipica

Diocletian's palace, reconstruction by:
E. Hebrard & J. Zeiller / Page 4, 18

Prepress:
Slobodna Dalmacija d.d. - Split

Print:
Slobodna Dalmacija d.d. - Split

2005

CROATIA

SPLIT

Palača
The Palace
Il Palazzo   Le Palais
Der Palast

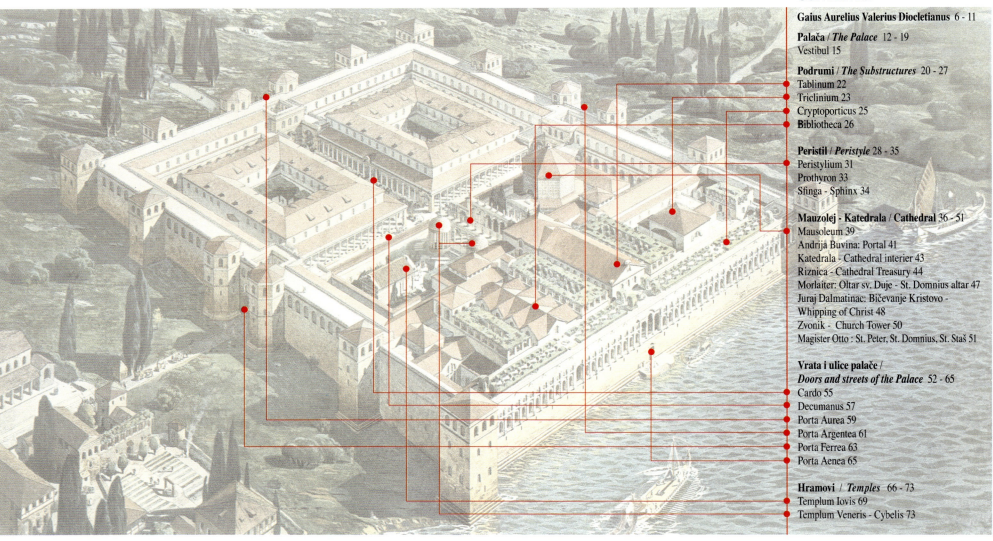

SADRŽAJ
CONTENTS:

Gaius Aurelius Valerius Diocletianus 6 - 11

Palača / *The Palace* 12 - 19
Vestibul 15

Podrumi / *The Substructures* 20 - 27
Tablinum 22
Triclinium 23
Cryptoporticus 25
Bibliotheca 26

Peristil / *Peristyle* 28 - 35
Peristylium 31
Prothyron 33
Sfinga - Sphinx 34

Mauzolej - Katedrala / *Cathedral* 36 - 51
Mausoleum 39
Andrija Buvina: Portal 41
Katedrala - Cathedral interier 43
Riznica - Cathedral Treasury 44
Morlaiter: Oltar sv. Duje - St. Domnius altar 47
Juraj Dalmatinac: Bičevanje Kristovo - Whipping of Christ 48
Zvonik - Church Tower 50
Magister Otto : St. Peter, St. Domnius, St. Staš 51

Vrata i ulice palače / *Doors and streets of the Palace* 52 - 65
Cardo 55
Decumanus 57
Porta Aurea 59
Porta Argentea 61
Porta Ferrea 63
Porta Aenea 65

Hramovi / *Temples* 66 - 73
Templum Iovis 69
Templum Veneris - Cybelis 73

Crkve u palači / *Churches in the Palace* 74 - 81
Gospe od Zvonika - Our Lady of Belfry Church 76
Sveti Martin - St. Martińs Church 79
Loren Živković Kuljiš: St. Martin 81

Muzeji u palači /
Museums in the Palace 82 - 89
Muzej grada -
The City of Split Museum 84
Statut - Statute 87
Etnografski muzej -
Ethnographic museum 88

Palače u palači /
Palaces within the Palace 90 - 97
Papalićeva palača - The Papalić Palace 93
Palača Cindro - The Cindro Palace 94
Palača D´Augubio - D´Augubio Palace 95
Palača Grisogono - The Grisogono Palace 97

Pročelje palače - luka /
Facade of the palace - the harbour 98 - 105

Palača u umjetnosti / *Palace in the art*s 106 - 111
Emanuel Vidović: Split - Poliptih 108
Meštrović : Marko Marulić 111

DIOKLECIJAN / DIOCLETIAN / DIOCLEZIANO

Gaius Aurelius Valerius Diocletianus (oko 243-312.g.) polatinjeno je ime običnog vojnika grčkog imena Diokles. Rodio se u najbližoj okolici tadašnjega glavnog grada rimske pokrajine Dalmacije. Carem je proglašen 20.11.284. godine. Osigurao je državne granice, izvršio novu teritorijalnu podjelu Carstva, odvojio vojnu od civilne uprave preuredivši unutrašnju organizaciju vojske i strukturu državne birokracije, uredio financijski, novčani i porezni sustav. Godine 303. izdaje edikt kojim zabranjuje ispovijedanje kršćanske vjere. Kršćane pogubljuje, konfiscira im imovinu, ruši crkve. Abdicira 1. 5. 305. i povlači se u svoju Palaču gdje umire 3. prosinca 312. godine.

Gaius Aurelius Valerius Diocletianus (around the year 243-312) the name of an ordinary Greek soldier Diocles was renamed into Latin. He was born in the surrounding area of the main city of the roman province Dalmatia. He was proclaimed an Emperor on the 20th of November 284. He reassured the state borders, made a new territorial division of the empire, separated the military from the civilian management, rearranging the internal organisation of the army and the structure of the state bureaucracy, he managed the financial, monetary and the tax system. In the year 303 he publishes an edict with which he forbids confessions of the Christian religion. He executes Christians, and confiscates their belongings, he demolishes their churches. He abdicates on the 01st of May 305 and retires into his Palace where he dies on the 3rd of December 312.

Gaius Aurelius Valerius Diocletianus (verso 243-312) è nome latinizzato del comune soldato dal nome greco - Diocles. Nasce nella prossima vicinanza del capoluogo della provincia romana Dalmazia. Il 20 novembre del 284 è proclamato imperatore. Assicura i confini dello stato, istituisce la nuova divisione territoriale dell'impero, separa l'amministrazione militare da quella civile riformando l'organizzazione interna dell'esercito e la struttura della burocrazia statale, ordina sistema finanziario, monetario e fiscale. Nell'anno 303 emana l'editto col quale vieta la professione della fede cristiana. Ordina persecuzione dei cristiani, confiscazione dei loro beni, demolizione delle loro chiese. Il 1 maggio del 305 abdica al trono e si ritira nel suo palazzo dove muore il 3 dicembre del 312.

DIOKLETIAN

Gaius Aurelius Valerius Diocletianus (um 243 - 312) ist ein latinisierter Name eines einfachen Soldaten, der den griechischen Namen Diocles trug. Er wurde in der unmittelbaren Nähe zur damaligen Hauptstadt der römischen Provinz Dalmatien geboren. Er wurde zum Kaiser am 20.11.284 benannt. Während seiner Regierungszeit sicherte er die Staatsgrenzen, führte eine neue territoriale Aufteilung des Landes durch, trennte die zivile von der militärischen Verwaltung nach Umstrukturierung der Armee und der Strukturen der Staatsbürokratie, er brachte Ordnung in das finanzielle, Währungs- und Steuersystem. Im Jahre 303 erlässt er ein Edikt in dem es verboten wird dem christlichen Glauben zu folgen. Er verfolgt Christen, tötet sie und konfisziert ihre Güter und Eigentum, er zerstört Kirchen. Diokletian abdiziert von seinem Thron am 01.05.305 und zieht sich zurück in seinen Palast, in dem er am 03. Dezember 312 stirbt.

DIOCLÉTIEN

Gaius Aurelius Valerius Diocletianus (vers 243- 312) est le nom latinisé d'un simple soldat prénommé en grec Dioclès. Né aux environs de Salone, capitale de la province romaine de Dalmatie, Dioclétien est proclamé empereur le 20 novembre 284. Après avoir consolidé les frontières de l'empire, Dioclétien accomplit une nouvelle subdivision territoriale de son Etat, dissocie les administrations civile et militaire, réorganisant en même temps la structure de la bureaucratie étatique et celle de l'armée et, enfin, codifiant le système financier, fiscal et monétaire. En 303 Dioclétien publie l'Edit interdisant la religion chrétienne, persécutant et exécutant les chrétiens, confisquant leurs biens et détruisant leurs églises. L'empereur abdique le 1 mai de l'an 305 et se retire dans son Palais où il meurt le 3 décembre 312.

Diocletianus' family

 DIOCLETIANUS (284 - 305)

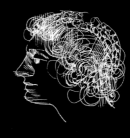 PRISCA

 GALERIUS (305 - 311)

 GALERIA VALERIA

 MAXIMINUS DAIA (310 - 313)

 CANDIDIANUS

 VALERIA MAXIMILLA

 MAXENTIUS (306 - 313)

 VALERIUS ROMULUS

 LICINIUS (308 - 324)

 CONSTANTIA

 MAXIMIANUS
(286 - 310)

 EUTROPIA

 AFRICANUS
HANNIBALIANUS

HELENA

CONSTANIVS I
(305 - 306)

 THEODORA

FAUSTA

 CONSTANTINE
(307 - 337)

 MINERVINA

CONSTANTINE'S SONS CRISPUS

 JULIUS
CONSTANTIUS

 FLAVIUS
HANNIBALIANUS

10

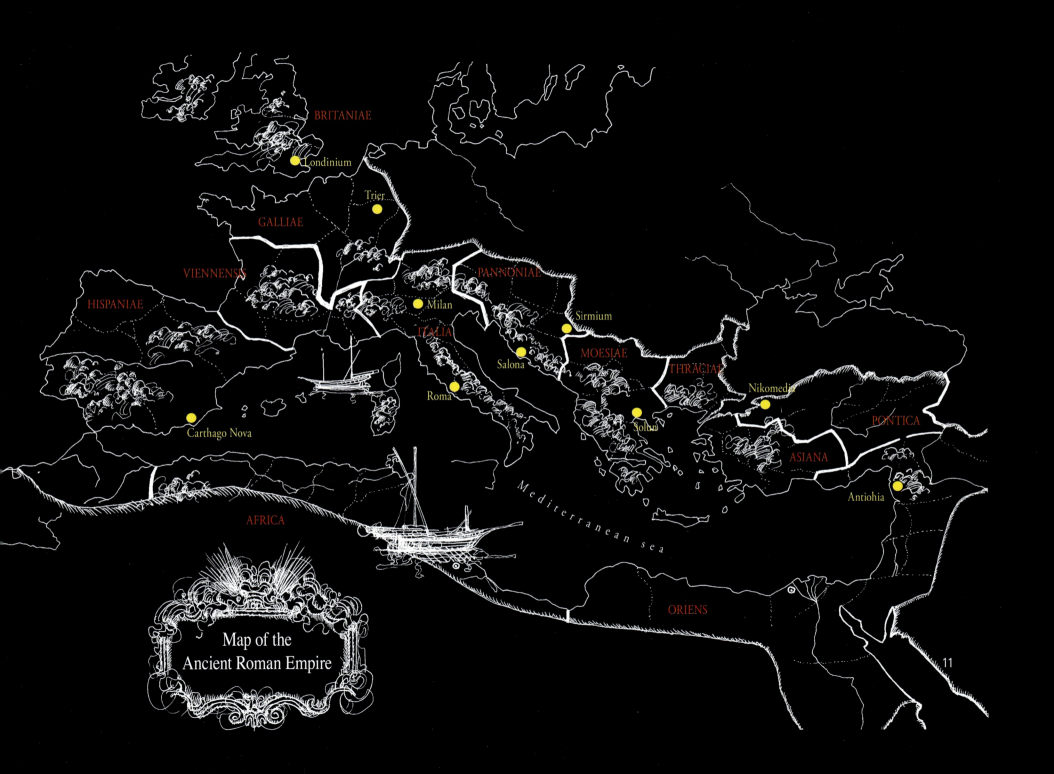

PALAČA

Povijesna jezgra Splita s Dioklecijanovom palačom ušla je među prvim urbanim cjelinama na listu svjetske baštine UNESCO-a 1979. godine. Careva Palača je jedno od najznačajnijih djela kasnoantičke arhitekture ne samo zbog očuvanosti svojih izvornih dijelova i cjeline, nego i originalnih arhitektonskih formi koje su navijestile ranokršćansku, bizantsku i ranosrednjovjekovnu umjetnost. U univerzalnoj povijesti arhitekture ona se bilježi kao amalgam karakterističnih kasnoantičkih formi: utvrđeni je kaštel, vojni tabor (castrum) ali i ladanjski sklop. Ipak, svojim je središnjim simboličnim sadržajem - mauzolejem, hramom u kojemu se Dioklecijan kultno štuje kao deus praesens - i u preciznoj korelaciji s novouvedenim ceremonijalnim slavlje-njem careve uloge u svijetu, koju on pokušava iz temelja reformirati. Zidanje te veličanstvene građevine najvjerojatnije je počelo u jesen 298. godine. Palača ima pravokutan oblik (oko 215 x 180 m) - ponešto je prilagođena konfiguraciji terena - s dvije široke, trijemovima zasjenjene, okomito ukrštene ulice (Cardo i Decumanus) koje iz njezine sredine vode na četvera vrata posred svake stranice pravokutnika. Južni njezin dio imao je rezidencijalni karakter u užem smislu - carske odaje i dvorane. U sjevernom dijelu nalazio se gynaeceum Iovensis, vojna tvornica u kojoj su se izrađivale vunene odore. Obiljem vode opskrbljivao ju je 9 km dugi akvadukt od izvora Jadra kraj Solina, čiji je kapacitet 129.600 m^3 na dan dostatan i današnjem Splitu, gradu od 200.000 stanovnika.

THE PALACE

The historic core of Split with Diocletian palace is among the first urban complexes to enter the list of the UNESCO world heritage in the year 1979. The Emperors palace is among the most important works from the late Roman period , not only because of the preservation of its authentic parts and the whole unit, but also because of the original architectural forms which announced the early Christian, Byzantium and early medieval art. In the universal history of architecture it is noted as the amalgam of the characteristic late Roman forms: stated is the citadel, the military camp (castrum) but also the rural complex. Still with its central symbolic contents – mausoleum, the temple where Diocletian is culturally respected as the dues praesens – and in the precise correlation with the newly introduced ceremonial celebration of the emperors role in the world, which he is trying to reform from its foundations. The building of this magnificent construction began, most probably, in the fall of the year 298. The palace is rectangular (around 215 x 180m) – it is somewhat adjusted to the configuration of the ground – with two wide, shadowed by porches, vertically crossed streets (Cardo and Decumanus) which lead from its centre towards the four doors in the centre of each side of the rectangle. Its south side had a residential character in a narrower cense – the emperors quarters and auditoriums. In the north section was the gynaecium Iovensis, the military factory where woollen uniforms were made. It was supplied richly with water from the 9km long aqueduct from the spring of river Jadro nearby Solin, with the capacity of 129.600 m^3 a day, sufficient for Split today, a town with 200,000 inhabitants.

IL PALAZZO

Il nucleo storico di Spalato col palazzo di Diocleziano è uno dei primi complessi urbanistici entrati nel registro del patrimonio mondiale dell'UNESCO nell'anno 1979. Il palazzo imperiale è una delle più importanti opere dell'architettura tardo antica non solo per l'ottima conservazione delle singole parti e l'insieme originale, ma anche per le forme architettoniche che annunciano l'arte paleocristiana, bizantina e altomedievale. Nella storia universale dell'architettura il palazzo viene segnato come un amalgama delle caratteristiche forme tardo antiche: castello fortificato, campo militare (castrum) e complesso di villeggiatura. Con il carattere simbolico della sua parte centrale – mausoleo, tempio in cui viene celebrato il culto di Diocleziano come deus praesens – è in precisa correlazione con la celebrazione cerimoniale della parte che l'imperatore ha nel mondo, che lui stesso cerca di riformare radicalmente. La costruzione di questo maestoso edificio cominciò probabilmente in autunno del 298. Il palazzo ha forma di un rettangolo (circa 215 x 180 m), alquanto adattato alla configurazione del terreno – con due larghe vie porticate (Cardo e Decumanus) che si incrociano al centro e portano verso le quattro porte, una in centro di ogni lato del rettangolo. La parte meridionale aveva carattere residenziale – stanze e sale imperiali. Nella parte settentrionale si trovava gynaceum Iovensis, laboratorio militare in cui si fabbricavano uniformi di lana. L'acquedotto lungo 9 km forniva il palazzo d'acqua dalla sorgente del fiume Jadro vicino a Salona. La sua capacità di 129.600 m^3 al giorno è sufficiente anche alla Spalato odierna, città con 200.000 abitanti.

LE PALAIS

Le noyau historique de la ville de Split avec le Palais de Dioclétien a été inscrit, parmi les premiers ensembles urbains, dès 1979 sur la liste du patrimoine de l'humanité de l'UNESCO. Le Palais impérial est l'un des plus importants ouvrages de l'architecture de l'Antiquité tardive, non seulement par l'état de préservation de ses éléments d'origines et de son ensemble, mais aussi par l'originalité des formes architecturales qui annonçaient déjà l'art paléochrétien, byzantin et haut médiéval. Dans l'histoire universelle de l'architecture, le Palais est considéré comme un amalgame de formes caractéristiques pour le Bas-Empire. C'était tout à la fois un château fortifié, un camp militaire (castrum), mais aussi un ensemble de villégiature luxueuse, une villa impériale. Le Palais était malgré tout aussi - abritant un contenu central et symbolique (le mausolée, temple où Dioclétien était vénéré comme un dieu, deus praesens) – en corrélation précise avec le cérémonial solennel (que Dioclétien introduisit) célébrant le rôle de l'empereur dans un monde que celui-ci s'efforçait de reformer radicalement. La construction de ce majestueux édifice a dû débuter probablement à l'automne de l'an 298. De plan rectangulaire (environ 215 x 180 m) – partiellement ajusté à la configuration du terrain – le Palais avait deux rues principales se croisant (cardo et decumanus) à son centre et reliant les quatre portes ouvrant par le milieu chaque côté du rectangle. La partie méridionale avait une fonction et un caractère résidentiel comprenant les appartements privés de Dioclétien et les salles impériales. Dans la moitié nord se trouvait le gynécée, gynaeceum Iovensis, des ateliers militaires pour la fabrication d'uniformes en laine approvisionnés en eau en grande quantité par un aqueduc de 9 km reliant le Palais aux sources du Jadro, petit fleuve côtier près de Salone, et dont la capacité de 129.600 m3 par jour est suffisante même aujourd'hui pour alimenter Split, ville d'environ 200.000 habitants.

DER PALAST

Der historische Kern der Stadt Split mit dem Diokletianspalast wurde als eine der ersten urbanen Einheiten in die Liste des Weltkulturerbes der UNESCO, im Jahre 1979 aufgenommen. Der kaiserliche Palast ist eines der wichtigsten Werke der spätantiken Architektur und zwar nicht nur wegen den zahlreichen, bis heute sehr gut erhaltenen originalen Teilen, sondern auch wegen einmaliger architektonischer Formen die die früh-christliche, byzantinische und frühe mittelalterliche Kunst ankündigten. In der universellen Geschichte der Architektur wird sie als Amalgramm charakteristischer spätantiker Formen gesehen: Es ist ein befestigtes Kastell, ein Militärlager (Castrum) und gleichzeitig ein residenzialer Komplex. In seiner zentralen Einrichtung- dem Mausoleum - dem Tempel - wird Diokletian als Kult Deus Praesens geehrt - was in präziser Korrelation zu den neu eingeführten zeremoniellen Feiern der kaiserlichen Rolle in der Welt steht, die dieser versucht von Grund aus zu reformieren. Der Bau dieses wunderschönen Gebäudes begann wahrscheinlich im Herbst 298. Der Palast hat eine rechteckige Form (ca. 215 x 180 m) und ist teilweise dem Bodengefälle angepasst - mit zwei breiten, zum Teil überdachten und senkrecht kreuzenden Strassen (Cardo und Decumanus), die aus seiner Mitte zu den vier Toren führen, die sich jeweils inmitten jeder Seite des Rechtecks befinden. Sein südlicher Teil hatte einen residenzialen Charakter im wahren Sinne des Wortes - dort befanden sich die kaiserlichen Gemächer und Säle. Im nördlichen Teil befand sich ein Gynaeceum Iovensis, ein Militärbetrieb in dem Wolleuniformen gefertigt wurden. Ausreichend Wasser brachte in den Palast das 9 Km lange Aquädukt von der Quelle des Flusses Jadro bei Solin, mit einer Leistung von 129.600 m³ pro Tag, was sogar für die heutige Stadt Split mit ca. 200.000 Einwohnern ausreicht.

PODRUMI

Kroz Mjedena vrata (Porta Aenea, koja su služila za carev pristup moru) ulazi se u prizemne dvorane. Podrumi Palače omogućuju da na temelju njihovih konstrukcijskih elemenata i tlocrtnih rješenja donekle rekonstruiramo izgled gornjih odaja te shvatimo izvornu namjenu nekih od njih. U ranom se srednjem vijeku u dijelu podruma stanovalo, a u jednoj su dvorani pronađeni dijelovi turnjačice za proizvodnju ulja i vina. U srednjem vijeku pretvoreni su u golemu otpadnu jamu. U istraživanjima zapadnih substrukcija Palače pronađeni su ulomci ukrašenog vijenca hrama iz 2. stoljeća, koji je prethodio Dioklecijanovoj građevini. Osim niza dvorana, hodnika i dvorišta, prezentirana je i izvrsno sačuvana dvorana nad kojom je bila careva blagovaonica (Triclinium). U blizini je nađena porfirna menza, koja je sada u toj dvorani. Podrumi Dioklecijanove palače svojevrsna su enciklopedija kasnoantičkih prostornih rješenja, a svojom su očuvanošću jedinstveni. Njihovo čišćenje i prezentiranje bilo je opsesijom generacija konzervatora i ljudi koji su bili na čelu grada, pa su, osobito tijekom zadnjih nekoliko desetljeća, nakon iznimnih napora otvoreni primjerenoj javnoj funkciji.

THE SUBSTRUCTURES OF THE PALACE

Through the brass door (Porta Aenea, which served as the Emperors' access to the sea) is the entrance into the ground halls. Substructures of the Palace enable, based on the construction elements and the ground plan solutions, the reconstruction of the way halls above looked like and the purpose of some of them. A part of the substructures was used for living purposes in the early middle ages, and in one of the halls an oil and wine press was found. In the middle ages they were turned into a huge garbage pit. In the investigations of the western substructures of the Palace pieces of the decorative frieze of a 2nd century temple were found, this was there before the Diocletian palace. Besides several halls, corridors and courtyards, an excellently preserved hall also presented the above which was the emperor's dining room (Triclinium). Near by porphyry a dining table (mensa) was found, and it is now in that hall. The basements of the Diocletian Palace are a kind of encyclopaedia of the late roman living space solutions, and by their preservation they are unique. Their cleaning and presenting was an obsession of many generations of conservators and people leading this city, so they, especially during the last few decades, after tremendous effort are open to the adequate public function.

LE SALE SOTTERRANEE

Dalla Porta meridionale (Porta Aenea, l'accesso dell'imperatore al mare) si entra nelle sale sotterranee. In base alla loro pianta ed elementi costruttivi è possibile ricostruire almeno in parte il piano delle sale superiori e capire a che cosa servivano alcune di esse. Nell'alto medioevo una parte del sotterraneo era abitata. In una sala sono state trovate le parti del frantoio per produzione di olio e vino. Nel medioevo le sale sono state trasformate in enorme deposito di rifiuti. Durante gli scavi delle sale occidentali sono stati trovati frammenti della ghirlanda decorata di un tempio del II secolo che precede la costruzione del palazzo. Oltre a una serie di sale, corridoi e cortili è stata scoperta anche una sala ben conservata sopra la quale si trovava la sala da pranzo dell'imperatore (Triclinium). Le sale sotterranee del palazzo sono un'enciclopedia delle soluzioni architettoniche tardo antiche e sono uniche per la loro ottima conservazione. La loro pulizia e presentazione ossessionavano generazioni di archeologi, conservatori e autorità cittadine. Così, dopo tanto lavoro ed estremi sforzi, soprattutto negli ultimi decenni, le sale sono aperte alle adeguate funzioni pubbliche.

LES SUBSTRUCTIONS DU PALAIS

Par la porte de Bronze (Porta Aenea, porte sud qui servait d'accès impérial à la mer) on pénètre dans les salles du rez-de-chaussée communément appelées salles souterraines. Elles permettent, d'après leurs éléments de constructions et leur plan de reconstituer en partie l'aspect des salles du premier étage et d'imaginer la fonction d'origine de certaines pièces destinées à l'empereur. Au cours du haut Moyen Age une partie de ces salles servit à l'habitation des réfugiés de Salone. On y découvrit d'ailleurs dans l'une d'elle un pressoir à huile et vin. Durant le Moyen Age ces salles furent transformées en une énorme fosse à déchets, un tout à l'égout. Pendant les fouilles des substructions occidentales du Palais on a mis au jour des fragments d'une corniche décorée provenant d'un temple du IIe siècle qui aurait précédé la construction du Palais de Dioclétien. Outre une suite de salles, couloirs et cours, on peut aujourd'hui admirer une salle parfaitement conservée - soubassement de la salle à manger de l'empereur (le triclinium) - avec une mensa (table) en porphyre découverte à proximité, dans les décombres. Les salles souterraines du Palais de Dioclétien sont dans leur genre une encyclopédie de l'architecture aulique de l'Antiquité tardive et par leur degré exceptionnel de conservation unique au monde. Leur déblaiement et une présentation adéquate furent une obsession aussi bien pour des générations de conservateurs que pour les autorités de la ville. Au cours des dernières décennies, après de nombreux efforts, elles furent enfin ouvertes au public pour des fonctions correspondant à leur aspect et formes.

DIE KELLERRÄUME

Durch das Bronzetor (Porta Aenea, das dem Kaiser Zugang zum Meer ermöglichte) kommt man in die Erdgeschoßräume. Diese Keller des Palastes ermöglichen uns dank ihrer so gut erhaltenen Konstruktionselemente und der Grundrisse, das Aussehen der ehemals darauf liegenden Räume zu rekonstruieren und deren ursprüngliche Widmung und Nutzung zu bestimmen. Im frühen Mittelalter wohnte man sogar in einem Teil der Kellerräume und in einem Raum wurden Teile einer Wein- und Olivenpresse gefunden. Im Mittelalter nutzt man die Kellerräume als riesige Abfalldeponie. In den Forschungen und Ausgrabungsarbeiten der westlichen Kellerräume des Palastes wurden Teile eines Zierkranzes von einem Tempel aus dem 2. Jahrhundert gefunden, der hier vor dem Bau des Diokletianspalastes stand. Außer einer ganzer Reihe von Sälen, Gängen und Höfen finden wir hier auch einen wunderbar erhaltenen Saal, über dem sich das Esszimmer des Kaisers /Triclinium/ befand. In unmittelbarer Nähe wurde eine porfyrne Mensa gefunden, die heute in diesem Raum ausgestellt ist. Die Keller des Diokletianspalastes sind eine einzigartige Enzyklopädie spät-antiker Raumlösungen und sind einmalig dank des Zustandes in dem sie bis heute erhalten sind. Die Räumung der Kelleräume und Präsentation derselben an die Öffentlichkeit waren Obsession vieler Generationen von Konservatoren und der Stadtführungen, wonach sie endlich, besonders dank der Arbeiten in den vergangenen Jahrzehnten und nach großem Aufwand, einer angemessenen öffentlichen Funktion zugeführt wurden.

24

PERISTIL

Glavne ulice spajaju se u središtu Palače. Južno od njih, u produžetku Carda, nalazi se Peristil, otvoreni prostor uokviren s istočne i zapadne strane monumentalnim stupovljem s lukovima, usmjeren prema Protironu, odnosno Vestibulu careva stana. Peristil je bio namijenjen kultu Dioklecijana koji je prisvojio naslov Jovius i zahtijevao da ga se po kompliciranoj dvorskoj etiketi štuje kao živog sina Jupiterova. Formira se nakon toga teokratski ceremonijal slavljenja careva prema orijentalnim apsolutističkim tradicijama, koji će se potom definirati strogim propisima bizantske, a poslije i papinske dvorske etikete. Arhitektura je u korelaciji sa zahtjevima novog ceremonijala adoracije. Purpurnu boju granitnih stupova u južnoj polovini Peristila treba vidjeti kao birani i ciljani efekt njegova slavljenja, jer je grimizna boja rezervirana za cara i njegovu obitelj. Protiron, na koji je car izlazio kroz Vestibul iz svojih apartmana, okvir je u kojemu se svojim podanicima prikazivao dok bi oni pred njim padali u proskinezu, klanjajući mu se. Nakon što se u 13/14. stoljeću oblikovao novi komunalni trg, Platea sancti Laurentii, s novom Vijećnicom u zapadnom dijelu grada, Peristil ostaje vjersko središte.

PERISTYLE

Main streets come together in the middle of the Palace. South of them extending from the Cardo is Peristyle, an open space surrounded on east and west side by the monumental columns with arches, directed towards Prothyrum, or Vestibule of the Emperor's quarters. Peristyle was intended for the Diocletian's cult, who took the title Jovius and demanded, by the complicated court ethics, to be honoured as the living son of Jupiter. After that a theocratic ceremonial of the celebration of Emperors, according to the oriental absolutistic traditions, is formed, the same was then defined by the strict regulations of Byzantium, and later also by the pope's court ethics. The architecture is in correlation with demands of the new ceremonial of adoration. The purple colour of granite columns in the southern half of Peristyle should be seen as a chosen and targeted effect of their celebration, as the colour purple was reserved for the Emperor and his family. Prothyrum, onto which the Emperor came out through Vestibule from his apartments, is the frame from which he presented himself to his subjects as they fell before him in adoration bowing to him. In the 13/14th century, as a new public square was formed, Platea sancti Laurentii, with the new Council hall in the western part of the town, Peristyle remained a religious central point.

IL PERISTILIO

Le strade principali si uniscono nel centro del Palazzo. A sud di quest'incrocio, in continuazione del Cardo, si trova il Peristilio, spazio all'aperto incorniciato dal lato orientale ed occidentale dalle colonne monumentali collegate con gli archi, diretto verso il Protiro e il Vestibolo degli appartamenti dell'imperatore. Il Peristilio era destinato al culto di Diocleziano che si era preso il titolo di Jovius e pretendeva di essere onorato come figlio di Giove secondo la complicata etichetta della corte. Dopo si istituisce cerimoniale teocratico della glorificazione degli imperatori secondo le tradizioni assolutistiche orientali, il quale sarà poi definito dal rigido regolamento bizantino e dopo anche dall'etichetta della corte papale. L'architettura è in correlazione con le esigenze del nuovo cerimoniale di adorazione. Il colore purpureo delle colonne di granito nella parte meridionale del Peristilio è stato scelto a tale scopo perché la porpora è riservata per l'imperatore e la sua famiglia. Il Protiro, in cui l'imperatore appariva quando usciva dai suoi appartamenti passando dal Vestibolo, era la cornice nella quale si presentava ai suoi sudditi che si prosternavano inchinandosi davanti a lui. Nel XIII/XIV secolo, dopo la formazione della nuova piazza cittadina, Platea Sancti Laurentii, col nuovo Palazzo comunale nella parte occidentale della città, il Peristilio rimane il centro religioso.

LE PÉRISTYLE

Les deux rues principales se croisent au centre du Palais. Au Sud dans le prolongement du cardo est situé le Péristyle, cour à ciel ouvert cernée par une colonnade monumentale et arcs majestueux à l'Est et à l'Ouest, et orientée vers le Prothyron et le Vestibule des appartements impériaux. Le Péristyle était destiné au culte de Dioclétien qui s'attribua le titre de Iovius exigeant que selon une étiquette compliquée de cour il soit vénéré comme le fils vivant de Jupiter. Un cérémonial théocratique est donc établi honorant l'empereur selon les traditions orientales absolutistes, cérémonial qui sera par la suite défini par des prescriptions sévères de l'étiquette de cour, d'abord byzantine, puis papale. L'architecture est en corrélation avec les exigences du nouveau cérémonial de l'adoration. La couleur pourpre des colonnes en granit dans le secteur sud du Péristyle doit être considérée comme un effet bien choisi et prévu pour cette célébration, le pourpre étant réservée à l'empereur et à sa famille. Le Prothyron où l'empereur apparaissait après avoir traversé le Vestibule, venant de ses appartements, était un cadre solennel pour sa présentation devant ses sujets prosternés en proxinèse devant le fils de Jupiter. Quand aux XIIIe-XIVe siècles fut organisée une nouvelle place municipale, la Platea sancti Laurenti, avec un nouvel Hôtel de Ville dans la partie occidentale de la cité, le Péristyle n'est plus que le centre religieux du Split médiéval.

PERISTIL

Die zwei Hauptstrassen im Palast verbinden sich in dessen Mitte. Südlich von ihnen, in der Verlängerung der Cardo, befindet sich der Platz Peristil - ein offener Platz umgeben auf der westlichen - und östlichen Seite von mächtigen Säulen mit Arkaden, der dem Protiron zugewandt ist, genauer dem Vestibül der kaiserlichen Wohnung. Der Peristil diente dem Kult des Diokletians, der sich den Titel Jovius aneignete und forderte, dass man ihn nach einer komplizierten Hofetikette als lebenden Sohn des Jupiters ehrt und feiert. Auf dieser Grundlage wird ein theokratisches Zeremonial der Feier des Kaisers nach orientalen, absolutistischen Traditionen bestimmt, das dann etwas später mit den strengen Vorschriften der byzantinischen und darauf päpstlichen Hofethik definiert wird. Die Architektur ist in Korrelation mit den Anforderungen des neuen Adorations-Zeremonials. Die purpurne Farbe der Granitsäulen in der Südhälfte des Peristils muss man als gezielt ausgewählte und gewollte Effekte seiner Ehrung und Huldigung sehen, denn diese purpurne rote Farbe ist für den Kaiser und seine Familie reserviert. Der Protiron, in den der Kaiser durch den Vestibül aus seinen Gemächern kam, ist der Rahmen in dem er sich seinen Untertanen zeigte, während diese vor ihm auf die Knie fielen. Nachdem im 13./14. Jahrhundert ein neuer kommunaler Platz mit dem neuen Ratshaus im westlichen Teil der Stadt, namens Platea sancti Laurentii eingerichtet wurde, verbleibt der Peristil nur noch ein Glaubenszentrum.

35

MAUZOLEJ - KATEDRALA

Carev mauzolej je izvana oktogonalnog, iznutra kružnog oblika, s nišama između kojih se diže osam korintskih stupova od crvenog granita, a nad njima osam manjih. Na vijencu s reljefnim prikazima uokolo prvog i drugog reda stupova osobito su zanimljiva dva medaljona koje drže Eroti. Arheolozi i splitska tradicija u njima prepoznaju portrete cara Dioklecijana i njegove žene Priske. Carev mauzolej konvertiran je u kršćansku crkvu početkom 5. st., a od sredine 7. st. postaje katedrala. Liturgijskim inventarom jedan je od najsugestivnijih i najvrjednijih sakralnih prostora uopće. To potvrđuje i katedralna riznica. Obnovom nekadašnje solinske metropolije u Splitu, nakon pada Salone, splitski nadbiskup postaje *primas Dalmatiae et totius Croatiae*, crkveni prvak cijele Dalmacije i Hrvatske, pa je odatle krenulo i pokrštavanje novopridošlih Hrvata. Tu su se održavali glasoviti crkveni sabori u vrijeme hrvatskih narodnih vladara početkom 9. stoljeća i tijekom srednjeg vijeka. Međutim, antika u Splitu nije nikad do kraja pokopana. Tako se sredinom 13. stoljeća počeo graditi zvonik katedrale na mjestu prostaze nekadašnjeg mauzoleja. Njegovo je prizemlje zapravo obnavljanje ideje antičkog slavoluka, a usto se u elevaciji - u vijencima, kapitelnoj zoni, u formatu otvora i lukova akordira s arkadama Peristila i trabeacijom periptera mauzoleja.

MAUSOLEUM - CATHEDRAL

The Emperor's mausoleum is octagonal from the outside, on the inside it is of a round shape, with niches among which eight Corinth columns of red granite rise up, and above them eight smaller ones. On the frieze showing relief's around the first and second row of columns, especially interesting are the two medallions which are held by Erots. Archaeologists and the tradition in Split recognise in them the portraits of the Emperor Diocletian and his wife Prisca. The Emperors mausoleum is converted into a Christian church at the beginning of the 5th century, and by the end of the 7th century it becomes a cathedral. By the liturgical inventory it is one of the most suggestive and the most worthy sacral places. This is also confirmed by the cathedral treasury. By the reconstruction of the once arch bishopric of Salonae to Split, after the fall of Salona, the archbishop of Split became primas Dalmatiae et totius Croatiae, the first by church of the whole Dalmatia and Croatia, thus here is where the baptising of the Croatian newcomers began. Well known church synods were held there in the time of Croatian people's leaders in the beginning of the 9th century and during the middle ages. But, the classical period in Split has never been buried to the end. In the middle of the 13th century the building of a belfry began on the very place where the prostasis of the late mausoleum once was. Its ground floor is actually a reconstruction of the idea of antique triumphal arch, and also in the elevation-the frieze, the capital column zone, the opening format and arches, it is accorded with the arcades of Peristyle and the trabeation of the peripter of the mausoleum.

IL MAUSOLEO - CATTEDRALE

Il mausoleo dell'imperatore ha la forma esterna ottagonale mentre l'interno è circolare, articolato da nicchie tra le quali si innalzano otto colonne corinzie di granito rosso e sopra di esse altre otto colonne più piccole. Nel fregio con decorazioni in rilievo che corre intorno sopra le due file di colonne di particolare interesse sono due medaglioni tenuti da Erati. Gli archeologi e la tradizione spalatina vi riconoscono i ritratti dell'imperatore Diocleziano e di sua moglie Prisca. Verso l'inizio del V sec. il mausoleo imperiale è stato trasformato in chiesa cristiana e dalla metà del VII secolo diventa cattedrale. Per il suo inventario liturgico è uno dei più suggestivi e preziosi edifici sacrali. Lo testimonia anche il Tesoro della cattedrale. Dopo la caduta di Salona a Spalato si ricostituisce la metropolia salonitana e il vescovo di Spalato diventa primas Dalmatiae et totius Croatiae, il primo di Dalmazia e tutta la Croazia, e da qui vengono cristianizzati i nuovi venuti Croati. All'inizio del XIX secolo, nel periodo dei sovrani croati, e durante il medioevo, nella cattedrale hanno luogo famosi concili ecclesiastici. Però, l'antichità a Spalato non si è mai spenta completamente. Verso la metà del XIII secolo, al posto della prostasis del mausoleo, è iniziata la costruzione del campanile della cattedrale. Il suo pianterreno rinnova l'idea dell'arco trionfale antico e nei piani superiori – con ghirlande, capitelli e forme delle aperture e degli archi – accorda con le arcate del Peristilio e trabeazione del periptero del mausoleo.

LE MAUSOLÉE - CATHÉDRALE

Le Mausolée de l'empereur est de l'extérieur octogonal, de l'intérieur de plan circulaire, articulé de niches entre lesquelles se dressent huit colonnes corinthiennes de granit rouge, soutenant huit autres plus petites colonnes. Sur la frise aux reliefs courant autour des rangés de colonnes, deux médaillons que tiennes des amours chasseurs sont particulièrement intéressants. Les archéologues et la tradition splitoise y voient les portraits de l'empereur Dioclétien et de son épouse Prisca. Le Mausolée de l'empereur fut converti en église chrétienne au début du Ve *siècle et, depuis le milieu du VII*^{e} *siècle, il est la cathédrale de Split. Par son inventaire liturgique, cet édifice est un des espaces religieux des plus suggestifs. Cela nous est confirmé aussi par le très riche Trésor de la cathédrale. Avec le rétablissement de l'ancienne église métropolitaine salonitaine à Split, après la chute de Salone, l'archevêque de Split devient le primat de Dalmatie et de toute la Croatie (Primas Dalmatiae et totius Croatiae). C'est de ce centre que débuta alors la christianisation des Croates nouvellement établis dans la région. C'est encore ici qu'eurent lieu les célèbres synodes de l'église au temps des souverains croates au début du IX*^{e} *siècle et durant tout le Moyen Age. Cependant, l'Antiquité ne fut jamais définitivement et entièrement enterrée à Split. Nous voyons ainsi, au milieu du XIII*^{e} *siècle, l'édification du campanile de la cathédrale à l'emplacement de l'espace d'entrée rectangulaire (prostase) de l'ancien Mausolée. La base du clocher représente véritablement la reconstruction d'un arc de triomphe antique se mariant harmonieusement - dans l'élévation, la corniche de la zone des chapiteaux, le format des ouvertures et des arcs – avec les arcades du Péristyle et l'entablement du Périptère du Mausolée.*

MAUSOLEUM - KATHEDRALE

Das Mausoleum des Kaisers ist von Außen von einer oktogonalen und im Inneren einer runden Form, mit Nischen umgeben, zwischen denen sich acht Korinthsäulen aus rotem Granit erheben, auf denen wiederum acht kleinere Säulen stehen. Im Kranz - Fries mit Reliefs, der um den Raum zwischen den kleinen Säulen führt, sind vor allem zwei Medaillons interessant die von kleinen Buben (Eroten) gehalten werden. Archäologen und die splitter Tradition erkennt in ihnen die Portraits des Kaisers Diokletian und seiner Frau Prisca. Das Mausoleum des Kaisers wird zu Beginn des 5. Jahrhunderts in eine christliche Kirche umgewandelt, um im 7. Jahrhundert zu einer Kathedrale erhoben zu werden. In seinem liturgischen Inventar ist dieses einer der suggestivsten und wertvollsten sakralen Objekte überhaupt. Dies bestätigt zusätzlich auch die Schatzkammer der Kathedrale. Nach dem Wiederaufbau des ehemaligen Bistums von Solin in Split, nachdem die Stadt Salona vollkommen zerstört wurde, wird der Erzischof von Split zum Primas Dalmatiae totius Croatiae - also das kirchliche Oberhaupt von ganz Dalmatien und Kroatien, so dass gerade aus dieser Stadt die Christianisierung der neu angesiedelten Kroaten begonnen hat. Hier finden auch die bekannten Kirchenkongresse aus der Zeit kroatischer Volksherrscher zu Beginn des 9. Jahrhunderts und im Mittelalter statt. Doch die Antike wird in Split nie vollkommen begraben. So beginnt man im 13. Jahrhundert mit dem Bau des Glockenturms der Kathedrale anstelle der Prostasis des ehemaligen Mausoleums. Dessen Erdgeschoss war in Wirklichkeit die Wiederbelebung des antiken Siegesbogens, wobei man im oberen Teil - in den Kränzen, der Kapitelzone, im Format der Öffnungen und den Arkaden ein Gleichgewicht zu den Arkaden im Peristil und dem Zugang zum Mausoleum setzen wollte.

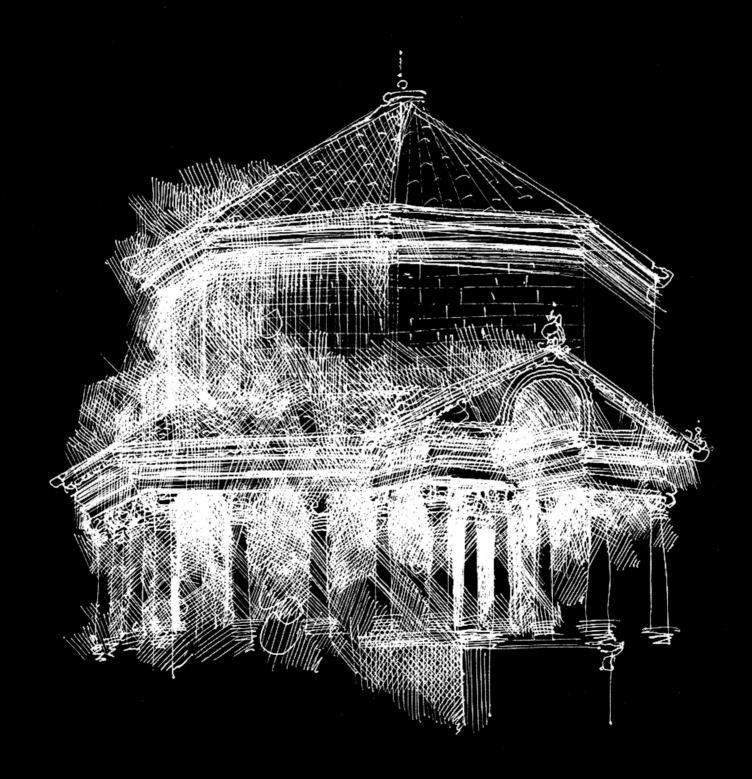

40

45

49

51

VRATA I ULICE PALAČE

Palača je izvorno bila utvrđena sa šesnaest kula na pročeljima prema kopnu, dočim se pročelje prema jugu, rastvoreno monumentalnim arkadama i ložama, dizalo izravno iz mora. Tri kopnena portala branili su parovi osmerostranih kula. Smatra se da su tek u humanističkom 16.stoljeću ta vrata dobila zvučna imena: Porta Aurea (sjeverna); Porta Argentea (istočna); Porta Ferrea (zapadna); Porta Aenea (južna). Dakle: Zlatna, Srebrna, Željezna i Mjedena. Zlatna vrata su među najsačuvanijim primjerima svoje vrste u antici: nedostaju samo stupovi koji su uokvirivali niše te kipovi u njima. Na četiri sačuvana postamenta na vrhu zida stajale su po svemu sudeći statue četvorice suvladara (tetrarsi: Dioklecijan i Maksimijan, te Galerije i Konstancije Klor). Zapadna, željezna vrata Dioklecijanove palače (Porta ferrea) u srednjem vijeku su se zvala Porta franche, slobodna vrata, možda stoga što su bila jedina koja se nisu zatvarala nakon što je grad utvrdio novu jezgru prema zapadu u srednjem vijeku. Po sredini sačuvanog nadvratnika prvotno bijaše uklesan reljefni krilati prikaz Viktorije (Nike), božice pobjede, koji je naknadno preklesan i zamijenjen reljefom križa. Kroz kopnena vrata, preko obrambenih dvorišta, pristupalo se širokim, međusobno ukrštenim ulicama (Cardo i Decumanus), zasjenjenim s obje strane trijemovima, što se spajaju u središtu Palače.

DOORS AND STREETS OF THE PALACE

The palace has originally been fortified by sixteen towers facing the land, while the southern side, open by the monumental arcades and lodges, came right from the sea. The three land portals were defended by a pair of eight sided towers. The opinion remains that it is only in the humanistic period of the 16th century that the doors were named: Porta Aurea (north); Porta Argentea (east); Porta Ferrea (west); Porta Aenea (south). So it came to be: Gold, Silver, Iron and Bras. The Golden door is among the most preserved examples of its kind in the antique period: the only thing missing are the columns which surrounded the niches and the statues in them. On the four preserved pedestals on top of the wall it is most likely that the statues of the four rulers were standing (the tetrarchs: Diocletian, Maximian, Galleries and Constancies Klor). The western, iron door of the Diocletian Palace (Porta ferrea) were in the middle ages called Porta franche, the free gates, maybe because they were the only once which did not close after the city determined a new core towards the west in the middle ages. In the middle of the preserved part above the door firstly a relief of Victoria (Nika) with wings, the goddess of victory, was carved in, and only later was it carved over by the relief of a cross. Through the land door, over the defence yards, is the way to the wide, crossed over streets (Cardo and Decumanus), shadowed by both sides with porches, only to join in the centre of the Palace.

LE PORTE E LE STRADE DEL PALAZZO

Originariamente il palazzo era fortificato da sedici torri sulle facciate a terraferma, mentre quella meridionale, aperta da arcate e logge monumentali, si innalzava direttamente dal mare. Ognuna delle tre porte a terra era difesa da due torri ottagonali. Si crede che solo nel '500, secolo dell'umanesimo, alle porte furono dati i nomi risonanti: Porta Aurea (la settentrionale); Porta Argentea (l'orientale); Porta Ferrea (l'occidentale); Porta Aenea (la meridionale). Quindi: Porta d'Oro, Porta d'Argento, Porta di Ferro e Porta di Bronzo. La Porta d'Oro è tra i più conservati monumenti antichi di questo genere: ci mancano solo le colonne che incorniciavano le nicchie e le statue che stavano dentro. Sui quattro basamenti conservati sopra il muro si trovavano, come si presume, le statue dei quattro tetrarchi (Diocleziano e Massimiano, Galerio e Costanzo Cloro). La porta occidentale del palazzo di Diocleziano, Porta di Ferro, nel medioevo era chiamata Porta franche, la porta libera, forse perché era l'unica che non si chiudeva dopo che la città nel medioevo ebbe il nuovo nucleo verso l'ovest. Nel centro dell'architrave originariamente si trovava il rilievo raffigurante la dea Vittoria con le ali, il quale dopo fu sostituito dal rilievo della croce. Dalle porte di terra, attraverso i cortili di difesa, si accedeva alle larghe strade porticate che si incrociano in centro del palazzo (Cardo e Decumanus).

LES PORTES ET LES RUES DU PALAIS

Le Palais était à l'origine fortifié par seize tours reparties sur les trois façades donnant vers la terre ferme. La façade méridionale, au majestueux portique articulé de baies, arcades et loggias monumentales, s'élevait directement au-dessus de la mer. Les trois portes terrestres étaient flanquées d'une paire de tours octogonales. On estime que ce n'est qu'au XVIe siècle, époque de l'humanisme, que l'on attribua des noms retentissants aux portes de la ville: Porta Aurea (Porte d'Or pour le côté nord), Porta Argentea (Porte d'Argent pour le côté est), Porta Ferrea (Porte de Fer pour le côté ouest) et Porta Aenea (Porte de Bronze pour le côté sud). La Porte d'Or est l'un des exemples les mieux préservés de ce type d'ouvrage. Il ne lui manque que les colonnes encadrant les niches abritant des sculptures. Sur les quatre socles conservés au sommet du mur se dressaient vraisemblablement les statues des quatre co-souverains (les Tétrarques: Dioclétien et Maximien, Galère et Constance Chlore). La Porte de Fer à l'Ouest du Palais de Dioclétien portait au Moyen Age le nom de Porta franche, porte libre, peut-être du fait qu'elle fut la seule à ne pas être murée quand la ville au Moyen Age s'entoura d'une nouvelle enceinte sur son côté occidental. Au centre du dessus-de-porte conservé originairement était taillé un relief de la Victoire ailée (Niké), déesse de la victoire, plus tard modifié et remplacé sous la forme d'un relief figurant la croix. Par les portes terrestres, en traversant les courettes intérieures de défense, on accédait au centre du Palais par deux larges rues, le cardo et le decumanus, aux majestueux portiques se croisant et ouvrant sur le Péristyle.

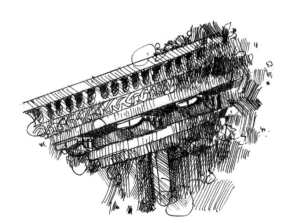

TORE UND STRASSEN IM PALAST

Der Palast war ursprünglich mit sechzehn Abwehrtürmen entlang der Fassaden in Richtung Festland umgeben, wobei die Südfassade in Richtung Meer mit monumentalen Arkaden und Logen, wie aus dem Meer emporstieg. Drei Landtore wurden zusätzlich von Paaren achteckiger Türme beschützt. Man ist der Auffassung, dass erst im humanistischen 16. Jahrhundert diese Tore klangvollere Namen erhalten haben, wie: Porta Aurea (Nordtor); Porta Argentea (Osttor); Porta Ferrea (Westtor); Porta Aenea (Südtor) - also: Goldenes, Silbernes, Eisernes und Bronzenes Tor. Das Goldene Tor ist unter den best erhaltenen Beispielen seiner Art aus der Antike überhaupt: Es fehlen nur die Säulen die die Nischen umgaben und die Statuen die sich in ihnen befanden. Auf den vier erhaltenen Postamenten des Tores befanden sich wahrscheinlich die vier Mit-Herrscher (die Tetrarchen: Diokletian und Maximius, Galerius und Konstantius Clor). Das westliche, Eiserne Tor des Diokletianspalastes (Porta ferrea) wurde im Mittelalter auch Porta franche - „Freies Tor" genannt, vielleicht auch deshalb, weil dies das einzige Tor war, das nicht verschlossen wurde nachdem sich der Stadtkern im Mittelalter nach Westen ausweitete. Inmitten des erhaltenen Torquerbalken, war original ein Relief eingemeißelt mit der Darstellung der Victoria mit Flügeln (Nike), der Siegesgöttin, das später zu einem Kruzifix umarrangiert wurde. Durch das Landtor und die inneren Abwehrhöfe kam man auf die sich kreuzenden, breiten Strassen (Cardo und Decumanus), an beiden Seiten mit kleinen Vordächern umgeben, die inmitten des Palastes zusammenstießen.

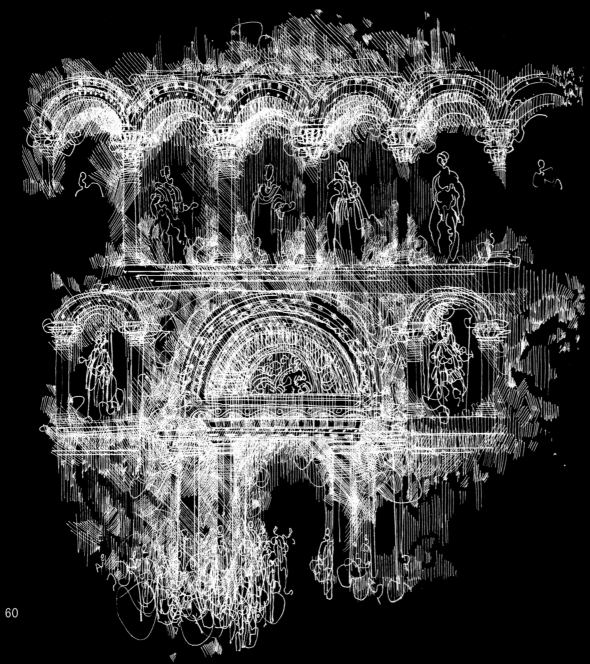

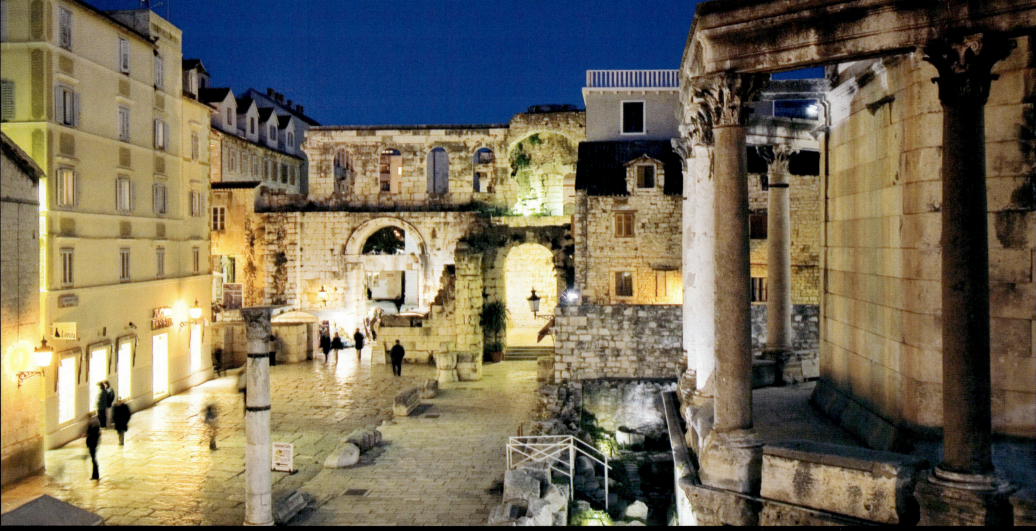

HRAMOVI U PALAČI

Jupiterov hram jedan je od najbolje očuvanih antičkih hramova europske baštine. Leži na povišenom podiju koji skriva djelomice ukopanu kriptu. Kripta ima svod od sedre koji nosi pod celle. Pred cellom hrama stajao je trijem na šest stupova koji je davno nestao zajedno sa zabatom i kasetiranim stropom od kamenih ploča, koji su ti stupovi podržavali. Zidovi pravokutne celle zidani su velikim kamenim blokovima u najboljoj rimskoj tehnici *opus quadratum*. Iznad bogatog vijenca unutrašnjost je presvođena bačvastim svodom koji je sastavljen od osam pojasa velikih kamenih ploča od kojih je svaka ukrašena parom reljefnih kaseta. Početkom 13. stoljeća u unutrašnjosti Krstionice postavljen je krsni zdenac sastavljen od pluteja oltarne pregrade koja se izvorno nalazila u katedrali. Krštenje se tada obavljalo uranjanjem vjernika. Na jednoj od ploča krsnog zdenca nalazi se prikaz hrvatskog kralja Krešimira IV. ili Zvonimira, najraniji prikaz jednog europskog kralja u srednjovjekovnoj kamenoj skulpturi. U zapadnom su dvorištu između Peristila i Jupiterova hrama bila još dva hrama, Venerin i Kibelin. U prizemlju zgrade u jugozapadnom uglu Peristila pronađeni su 1957. ostaci hrama sa središnjom kružnom cellom oko koje su stupovi obrubljivali vanjski hodnik. Prema opisu splitskog kancelira Antonia Proculiana, bio je posvećen Kibeli, božici plodnosti, što potvrđuju i skulpturalni nalazi s motivikom karakterističnom za njezin kult.

TEMPLES IN THE PALACE

The temple of Jupiter is one of the best preserved roman temples of the European heritage. It is positioned on a lifted pedestal which partly hides the buried crypt. The crypts ceiling is made of cedar which carries the floor of the cella. In front of the temples cella an arched doorway stood with six columns which has disappeared long time ago along with the gable and the stone coffered ceiling, which was held by those columns. The walls of the right angled cella are made of great big rocks in best roman technique opus quadratum. Above the rich inner frieze the interior is vaulted with barrel-shaped ceiling which is made of eight belts of large stones of which each is decorated with a pair or relief coffers. At the beginning of the 13th century inside of the Baptistery a baptismal font was placed, it was made of slabs from the altar chancel which was originally found in the cathedral. Baptising was in those times done by the emersion of the believer. On one of the stones on the baptismal font there is a carving of the figure of Croatian king Kresimir IV or Zvonimir, it is the earliest carving of one European king in the medieval stone sculpture. In the western courtyard between Peristyle and the temple of Jupiter there were two more temples, the temple of Cybele and the temple of Venus. On the ground floor of a building in the southwest corner of Peristyle remains of the temple with a central round cella were found in 1957, around which columns surrounded the outer corridor. According to the description of Antonio Proculian, a chancellor from Split, they were dedicated to Cybele, the goddess of fertility, which is confirmed by the sculptural findings with motives characteristic to her cult.

I TEMPLI DEL PALAZZO

Il tempio di Giove è uno dei più conservati templi antichi del patrimonio europeo. Sta sull'alto basamento che nasconde la cripta parzialmente sotterrata la cui volta di tufo porta il pavimento della cella. Davanti alla cella una volta si trovava il portico sostenuto da sei colonne il quale, però, è scomparso da molto tempo insieme al timpano e soffitto a cassettoni. I muri della cella rettangolare sono costruiti di grandi blocchi di pietra in opus quadratum, la migliore tecnica romana. Sopra il ricco fregio, l'interno è coperto dalla volta a botte, composta da otto fascie di grandi lastre di pietra, ognuna ornata da un paio di cassette in rilievo. All'inizio del XIII secolo nell'interno del Battistero venne posto il fonte battesimale composto da lapidi che originariamente facevano parte del pluteo dell'altare della cattedrale. In quel tempo si usava ancora il rito dell'immersione in acqua. Una delle lapidi del fonte battesimale raffigura il re croato Krešimir IV o Zvonimir ed è la prima presentazione di un re nella scultura europea medioevale. Nella parte occidentale del palazzo, tra il Peristilio e il Tempio di Giove, si trovavano altri due templi, uno dedicato a Venere ed altro a Cibelle. Nel pianterreno dell'edificio nell'angolo sud-occidentale del Peristilio, nell'anno 1957 sono stati trovati i resti del tempio con la cella centrale circolare e un corridoio esterno circondato da colonne. Secondo le descrizioni del cancelliere spalatino Antonio Proculiano, questo tempio era dedicato a Cibelle, dea della fertilità, il che confermano anche gli elementi sculturali con motivi caratteristici del culto della dea trovati in quel luogo.

LES TEMPLES DANS LE PALAIS

TEMPEL IM PALAST

Parmi les temples antiques, celui de Split dédié à Jupiter est l'un des mieux conservés du patrimoine européen. Il repose sur une base qui cache partiellement une crypte enfouie sous terre et dont la voûte en calcaire supporte la cella du temple. Autrefois devant la cella se dressait un portique de six colonnes (disparu depuis bien longtemps) avec fronton et voûte en berceau à caissons taillés dans l'épaisseur des dalles en pierre que soutenaient les colonnes. De grands blocs en pierre de taille dans la merveilleuse technique romaine de l'opus quadratum forment les murs de la cella rectangulaire. Au-dessus d'une belle corniche saillante, l'intérieur du temple est voûté en berceau que forment huit zones composées de grandes plaques de pierre, chacune richement décorée par une paire de caisson en relief. Au début du XIIIe siècle dans le temple devenu baptistère on installa des fonds baptismaux (où à l'époque on baptisait les fidèles par immersion) formés de plaques d'un chancel provenant originairement de la cathédrale. Sur l'une des plaques de la cuve baptismale est figuré un roi croate (Krešimir IV ou Zvonimir), la plus ancienne représentation d'un souverain européen dans la sculpture médiévale sur pierre. Dans la cour ouest, entre le Péristyle et le temple de Jupiter, se dressaient deux autres temples, dédiés à Venus et Cybèle. Au rez-de-chaussée de l'édifice à l'angle sud-ouest du Péristyle on découvrit en 1957 les traces d'un temple de plan circulaire aux colonnes entourant la cella et formant un couloir extérieur. D'après les descriptions du chancelier splitois Antonio Proculiano, ce temple était dédié à Cybèle, déesse de la fécondité ce que confirment les trouvailles de sculptures aux motifs caractéristiques pour son culte.

Der Jupiter Tempel ist einer der am besten erhaltenen antiken Tempel des europäischen Erbes. Er steht auf einem erhöhten Podium, das die zum Teil eingegrabene Krypta versteckt. Die Krypta hat ein Gewölbe aus Stein, das den Boden des Tempels (die Cella) trägt. Vor der Cella des Tempels stand ein Vordach auf sechs Säulen, das schon vor langer Zeit zusammen mit dem kassettierten Gewölbe aus Steinplatten abgerissen wurde. Die Mauern des rechteckigen Tempels (Cella) sind aus großformatigen Steinblöcken in bester römischer Technik gemauert - dem Opus quadratum. Über dem reichen Zierkranz erhebt sich das Gewölbe, das aus acht Reihen großer Steinplatten zusammengesetzt ist, wovon jede mit einem Paar Reliefkassetten verziert ist. Zu Beginn des 13. Jahrhunderts wird in den Tempel ein Taufbecken gestellt, das aus Altarplatten, die sich ursprünglich in der Kathedrale befanden, zusammengesetzt ist. Die Taufe wurde damals durch Eintauchen des Gläubigen ins Wasser durchgeführt. Auf einer der Platten des Taufbeckens befindet sich die Darstellung des kroatischen Königs Krešimir IV. oder Zvonimir, die älteste Darstellung eines europäischen Königs in mittelalterlicher Steinskulptur. Im westlichen Hof, zwischen dem Peristil und dem Jupitertempel befanden sich zwei weitere Tempel, der Venera und Kibela. Im Erdgeschoß des Hauses in der süd-östlichen Ecke des Peristils wurden 1957 Überreste des Tempels mit einer zentralen, runden Cella gefunden, deren Säulen den Außenflur umgaben. Nach Beschreibung des splitter Kanzelliers - Antonio Proculiano war dieser der Kibela - der Göttin der Fruchtbarkeit gewidmet, was auch die Funde mit Motiven die charakteristisch für ihren Kult waren, beweisen.

70

CRKVE U PALAČI

Kršćanstvo bijaše živo u carevoj Palači od samog njenog osnutka 300-tih godina. Osobito su zanimljive crkvice sv. Teodora i sv. Martina u Željeznim, odnosno Zlatnim vratima koje valja datirati u kasnoantičko doba 6. stoljeća. Oba titulara specifičnog su vojnog karaktera. Sv. Martin, zaštitnik vojnika, krojača i suknara mogao bi se dovesti u vezu s dokumentiranim postojanjem (upravo u sjevernom dijelu Palače) carske radionice za izradu tkanina koja bijaše "ugrađena" u uskom stražarskom hodniku najkasnije u 5/6. stoljeću, nakon što su Zlatna vrata bila zazidana. U unutrašnjosti Sv. Martina osobito je značajna oltarna pregrada iz starohrvatskog doba (11. st.). Natpis na arhitravu ulaza u crkvicu spominje jednog od njenih obnovitelja, svećenika Dominika, koji se identificira kao kapelan kneza Trpimira sredinom 9. stoljeća. Nad najživljom gradskom ulicom, nekadašnjim Decumanusom, bijaše vjerojatno već u 6. stoljeću podignuta crkvica sv. Teodoru, posvećena zaštitniku bizantske vojske, od srednjeg vijeka poznata kao Gospe od Zvonika. U unutrašnjosti crkvice otkriven je zabat oltarne pregrade s imenom gradskog priora Furmina i njegovih dviju žena Magi i Bite. Na glavnom oltaru je kopija (original je u katedralnoj riznici) najljepše dalmatinske ikone, čudotvorne Gospe od Zvonika koju su pohodile Splićanke pred porodom. To je djelo majstora raspela Sv. Klare, vodećeg majstora pretpostavljene lokalne slikarske škole s konca 13. stoljeća.

CHURCHES IN THE PALACE

Christianity was alive in the emperors Palace from its very making around the year 300. Especially interesting are the little churches of St Theodore and St Martin in the Iron, or Golden gates which should be dated in the late roman times of the 6th century. Both titles are of a specific military character. St Martin, the protector of soldiers, tailors and drapers could be connected with the documented existence (right in the northern part of the Palace) of the imperial workshop for making of fabric which was " built into" a narrow guards corridor at the latest in the 5/6th century, after the Golden gate was walled in. In the interior of St Martin the altar chancel from the 11th century is especially important. The inscriptions on the lintel mentions one of its renovators, a priest Dominic, who is identified as the chaplain of prince Trpimir in the middle of 9th century. Above the liveliest city street, once called Decumanus, a church of St Theodore has been built probably already in the 6th century, dedicated to the protector of Byzantium army, better known as the Lady of Belfry from the middle ages. Inside the church a gable of the altar chancel was found with the name of the cities prior Furmin and his two wives Magi and Bita. On the main altar is a copy (the original is in the treasury in the Cathedral) of the most beautiful Dalmatian icon, the miraculous Lady of Belfry which was honoured and visited by women from Split before they were about to give birth. This was the work of master of crucifixes of St Clara, the leading master of supposed local art school from the end of 13th century.

LE CHIESE NEL PALAZZO

La fede cristiana viveva nel palazzo dalla sua costruzione all'inizio del IV secolo. Sono particolarmente interessanti le chiesette di San Teodoro e di San Martino che si trovavano sopra Porta di ferro e Porta d'oro risalenti all'epoca tardo antica del VI secolo. I due santi avevano anche un'importanza militare. San Martino, protettore di soldati, sarti e lanaioli, ricorda che nella parte settentrionale del palazzo si trovava un laboratorio per la fabbricazione di tessuti, installato nella stretta galleria di ronda al più tardi nel V o VI secolo, dopo che la Porta d'oro era stata murata. All'interno della chiesetta è di particolare importanza la pergola d'altare dell'epoca paleocroata (XI sec.). Nell'iscrizione dell'architrave dell'ingresso troviamo il nome del prete Domenico, uno dei restauratori della chiesetta, cappellano del principe croato Trpimir alla metà del IX secolo. Sopra la più animata strada cittadina, Decumanus di una volta, probabilmente già nel VI secolo fu eretta la chiesetta di San Teodoro, patrono dell'esercito bizantino. Dal medioevo la chiesa viene chiamata Madonna del Campanile. All'interno è stato trovato un frontone della pergola d'altare col nome del priore cittadino Furmino e le sue due mogli. Sull'altare principale si trova la copia (l'originale è nel Tesoro della cattedrale) della più bella icona dalmata, la miracolosa Madonna del Campanile, davanti alla quale pregavano le spalatine vicine al parto. È l'opera dell'autore del crocifisso di Santa Chiara, il maggior maestro della supposta scuola di pittura locale della fine del XIII secolo.

LES ÉGLISES DANS LE PALAIS

KIRCHEN IM PALAST

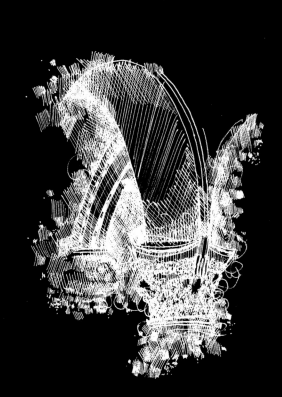

La chrétienté est présente dans le Palais impérial dès le début du IVe siècle. Particulièrement sont intéressantes les petites églises de St.-Théodore et St.-Martin nichées dans les couloirs de garde des portes de Fer et d'Or qu'il faut dater de l'Antiquité tardive, au VIe siècle. Ces deux titulaires sont d'un caractère militaire spécifique. Saint Martin, protecteur des soldats, des tailleurs et des drapiers, pourrait être mis en relation avec l'existence documentée (précisément dans la moitié nord du Palais) d'un atelier impérial de fabrication de tissu et dont la chapelle était insérée dans l'étroit couloir de garde au plus tard entre le Ve et le VIe siècle, quand la porte d'Or (nord) fut murée. A l'intérieur de la chapelle de St.-Martin, le chancel est particulièrement précieux et remonterait au XIe siècle, période dite vieux croate. L'inscription gravée sur l'architrave de l'entrée dans la chapelle mentionne l'un des donateurs et rénovateurs, un certain Dominique, prêtre que l'on identifie être le chapelain du prince Trpimir, vers le milieu du IXe siècle. Au-dessus de la porte donnant sur la rue la plus animée de la ville, l'ancien decumanus, dès le VIe siècle probablement, fut élevée la petite église, chapelle de St.-Théodore, protecteur de l'armée byzantine, édifice depuis le Moyen Age plus connu sous le nom de chapelle de la Vierge du clocher. On y a mis au jour un fronton de chancel mentionnant les noms du Prieur de la ville Furmin et de ses deux femmes Maga et Bita. Sur le grand autel on peut voir la copie (l'original est au Trésor de la cathédrale) de la plus belle icône de Dalmatie, figurant la Vierge miraculeuse du Clocher, peinture devant laquelle venaient prier les Splitoises enceintes. L'auteur en est un maître inconnu (qui peignit aussi le crucifix de l'église Ste.-Claire), autrefois figure éminente de l'école locale supposée de la fin du XIIIe siècle.

Das Christentum war sehr lebhaft vertreten im kaiserlichen Palast und zwar seit seiner Gründung, ungefähr um das Jahr 300. Besonders interessant sind die Kirchlein des hl. Theodor und des hl. Martin, die sich im Eisernen, bzw. Goldenen Tor befinden und die aus dem 6. Jahrhundert, der Spätantike datieren. Beide Heiligen sind militärischen Charakters. Der hl. Martin als Beschützer der Soldaten, Schneider und Wollestricker könnte in Verbindung gebracht werden mit dem dokumentierten Bestehen (gerade hier im nördlichen Teil des Palastes) der kaiserlichen Werkstatt für Textil, denn die Kirche wurde im engen Wächterdurchgang spätestens im 5./6. Jahrhundert eingerichtet, nachdem das Goldene Tor zugemauert war. Im Inneren der Kirche des hl. Martins ist besonders die Altarwand wertvoll, die aus der alt-kroatischen Zeit stammt (11. Jh.). Die Inschrift über dem Eingang in die Kirche spricht von einem ihrer Erneuerer, dem Priest Dominicus, der sich als Kapelan des Fürsten Trpimir in der Mitte des 9. Jh. identifiziert. Über der lebhaftesten Stadtstrasse, dem ehemaligen Decumanus, wird im 6. Jh. Die kleine Kirche des hl. Theodors gebaut, die dem Beschützer der byzantinischen Armee geweiht ist und die seit dem Mittelalter im Volk besser als „Gospe od zvonika" (Mutter Gottes vom Glockenturm) bekannt ist. Im Inneren der Kirche wurde ein Stück des Altars entdeckt mit dem Namen des Stadtpräfekten Furmino und seiner zwei Frauen - Magi und Bite. Am Hauptaltar befindet sich eine Kopie (das Original ist in der Schatzkammer der Kathedrale) der schönsten Ikone in Dalmatien, der wundersamen Mutter Gottes des Glockenturms, die oft von Frauen aus Split, die kurz vor Kinderentbindung standen, besucht wurde. Dies ist ein Werk des Meisters für Kruzifixe, des führenden Meisters der lokalen Malerschule aus dem Ende des 13. Jh.

MUZEJI U PALACI

Muzej grada osnovan je 1946. godine, a danas je u sklopu srednjovjekovnih zgrada, među kojima središnje mjesto zauzima kasnogotička palača obite-lji Papalić, projekt i djelo majstora Jurja Dalmatinca i njegova klesarsko-graditeljskog kruga (oko 1450). U stalnoj muzejskoj postavi izložen je ulomak povijesti grada iz razdoblja autonomne gradske komune (12-14. st.). Ističe se gradski Statut, grbovi i novac, te romanička skulptura sa zvonika katedrale. Prikazano je i razdoblje mletačke uprave (15-18. st.) gdje središnje mjesto pripada književnom krugu Marka Marulića, te oružje koje se koristilo u bitkama za obranu Splita. Značajno mjesto dobile su i zbirke splitske građanske kulture iz 19. i 20. stoljeća. Etnografski muzej u sklopu je nekadašnjeg samostana sv. Klare (unutar careva triklinija) u jugoistočnom dijelu Dioklecijanove palače. Muzej je osnovan 1910. godine. Ima niz zbirki raritetnih artefakata iz cijele Dalmacije. Među nošnjama bogatstvom veza ističu se one iz Ravnih kotara, Knina, Vrlike, Imotskog, Poljica, po bijelom vezu one iz Sinja i Dalmatinske zagore, po čipki one iz Primoštena, Novigrada i Paga. Prikazani su različiti zanati: lončarstvo, pletarstvo, te rukotvorine (drvorezbarstvo, prerada vune, izrada opanaka i slično). Dan je i prikaz osnovnih oblika gospodarstva. Prikazani su raznovrsni instrumenti, srebrni nakit te tipovi oružja.

MUSEUMS IN THE PALACE

The Museum of the city of Split was founded in the year 1946, and today is within the medieval buildings, among which the central position is held by the late Gothic Palace of the family Papalic, a project and work of Master Juraj Dalmatinac and his workshop (around 1450). In the constant exhibition is a passage of the cities history from the times of autonomous city commune (12-14th century). Emphasized are also the cities Statue, the emblems and money, and also the roman sculpture from the cathedrals belfry. The period of Venetian government is exhibited (15-18th century), where central place is held by the literary circle of Marko Marulić, and the weapons used in battles defending Split. Important place was given to the collections of the cities culture of Split from the 19th and 20th century. Ethnographic museum is inside the late convent of St Clara (inside the Emperor's triclinium) in the southeast part of the Diocletian palace. The museum was founded in the year 1910. It has a line of collections of rare artefacts from all over Dalmatia. Among the national costumes the richness in embroidery is emphasised by those from Ravni Kotar, Knin, Vrlika, Imotski, Poljica, by the white embroidery the ones from Sinj and Dalmatian hinterland stand out, by the lace special are those from Primošten, Novigrad and Pag. Different crafts are presented: pottery, knitting, and handicrafts (woodcarving, wool processing, footwear making etc.). The prime description of economy is also presented. Various instruments, silver jewellery and various types of guns are also shown.

I MUSEI NEL PALAZZO

Il Museo della Città è fondato nel 1946. Oggi si trova nel complesso degli edifici medioevali tra cui il più importante è il palazzo tardo gotico della famiglia Papalić, progetto ed opera di Juraj Dalmatinac (Giorgio il Dalmata) ed il suo circolo di scultori e costruttori (verso l'anno 1450). Nell'esposizione stabile è rappresentata la parte della storia della città del periodo dell'autonomia cittadina (XII-XIV sec.). Di particolare importanza sono lo Statuto della Città, gli stemmi, le monete e la scultura romanica che stava sul campanile della cattedrale. Nella presentazione del periodo dell'amministrazione veneta (XV-XVIII sec.) il luogo centrale appartiene al circolo letterario di Marko Marulić e le armi usate per la difesa di Spalato. Sono interessanti anche le collezioni che rappresentano la cultura civile del XIX e XX secolo. Il Museo Etnografico si trova nell'ambito del vecchio convento di Santa Chiara (dentro il triclinio imperiale) nella parte sud-orientale del palazzo di Diocleziano. Il Museo è stato fondato nel 1910. Vanta una serie di collezioni di rarità artefatte di tutta Dalmazia. Per la ricchezza del ricamo si distinguono i costumi di Ravni kotari, Knin, Vrlika, Imotski e Poljica; i costumi di Sinj e Dalmatinska zagora (Retroterra dalmata) sono caratteristici per il loro ricamo bianco, quelli di Primošten, Novigrad e Pag sono famosi per i bellissimi pizzi. Nel Museo sono rappresentati vari artigianati: ceramica, cesteria, manifattura (incisione in legno, lavorazione di lana, fabbricazione di „opanci" - calzatura contadina ecc.). Sono presentate anche principali forme di economia e sono esposti diversi strumenti, gioielli d'argento e tipi di armi.

LES MUSEES DANS LE PALAIS

MUSEEN IM PALAST

Le Musée de la Ville - fondé en 1946 dans le cadre d'un ensemble d'édifices médiévaux où domine le palais du gothique tardif de la famille patricienne Papalić, ouvrage construit sur les plans du maître Georges le Dalmate et de son cercle de bâtisseurs et tailleurs de pierre (vers 1450) – abrite, dans la partie réservée aux expositions permanentes, un fragment de l'histoire de la Commune autonome du Split médiéval (XIIe – XIVe siècles). On y remarque les Statuts de la ville, des blasons, armoiries et monnaies de l'époque, ainsi que des sculptures romanes provenant du clocher de la cathédrale. Y est représentée aussi la période de l'administration vénitienne (XVe–XVIIIe siècles) où une place à part revient au cercle littéraire de Marko Marulić. Mentionnons aussi une collection d'armes et armures utilisées pendant les luttes pour la défense de la ville contre les Turcs. Un espace est consacré aux collections reflétant la société bourgeoise et sa culture durant les XIXe et XXe siècles. Le Musée ethnographique, fondé en 1910, est situé entre les murs de l'ancien couvent de Ste-Claire (à l'intérieur du triclinium impérial) dans le secteur sud-est du Palais de Dioclétien. Le Musée abrite plusieurs rares collections d'objets et de costumes provenant de toute la Dalmatie. Parmi les habits et vêtements particulièrement se distinguent, par la richesse de la broderie, ceux des régions Ravni Kotari, Knin, Vrlika, Imotski, Poljica, par la blancheur de la broderie, ceux de Sinj et de l'arrière-pays dalmate, par leur dentelle ceux de Primošten, Novigrad et Pag. Divers artisanats y sont présentés: poterie, vêtements tricotés et objets manufacturés (dans le bois, la laine, le cuir - sandales et chaussures), divers ustensiles. Un aperçu des principales activités économiques, instruments de musiques, bijoux et divers types d'armes complètent cette intéressante collection.

Das Stadtmuseum wurde im Jahre 1946 gegründet und befindet sich heute im Rahmen eines Komplexes mittelalterlicher Gebäude, von denen die zentrale Rolle der spätgotische Palast der Familie Papalić einnimmt, Projekt und Werk des Juraj Dalmatinac (Georg des Dalmatiners) und seines Steinmetzer- und Baumeisterkreises (um 1540). Unter den ausgestellten Stücken der Sammlung dieses Museums befindet sich ein Stück Geschichte dieser Stadt aus der Epoche der Autonomie der Stadt (Autonome Stadtkommune) (12. - 14. Jh.). Hervorgehoben werden muss hier auch das städtische Statut, die Wappen, die romanische Skulptur vom Glockenturm der Kathedrale. Ebenso ist die Zeit der venezianischen Herrschaft dargestellt (15. - 18. Jh.), wo der zentrale Platz dem Schriftstellerkreis um Marko Marulić gehört und der Waffen die in den Kämpfen zur Verteidigung der Stadt benutzt wurden. Einen wesentlichen Platz bekamen auch die Sammlungen der splitter bürgerlichen Kultur aus dem 19. und 20. Jh. Das ethnographische Museum ist im Rahmen des ehemaligen Klosters der Hl. Klara untergebracht (im Triclinium des Kaisers) im süd-östlichen Teil des Diokletianspalastes. Das Museum wurde 1910 gegründet. Es verfügt über eine ganze Reihe Sammlungen rarer Artefakte aus ganz Dalmatien. Unter den Trachten heben sich mit ihren reichen Verzierungen die aus Ravni kotari, Knin, Vrlika, Imotski, Poljica hervor, mit der weißen Stickerei die aus Sinj und dem dalmatinischen Hinterland, durch die Spitzen die aus Primošten, Novigrad und Pag. Es sind auch diverse Handwerke präsentiert: Töpferei, Stickerei, Weberei, Handarbeiten (Holzschnitzerei, Wollenverarbeitung, Schuster u.ä.). Ebenso ist eine Darstellung der Grundformen der Wirtschaft gegeben. Diverse Instrumente, Silberschmuck und verschiedene Typen an Waffen kann man in diesem Museum auch sehen.

85

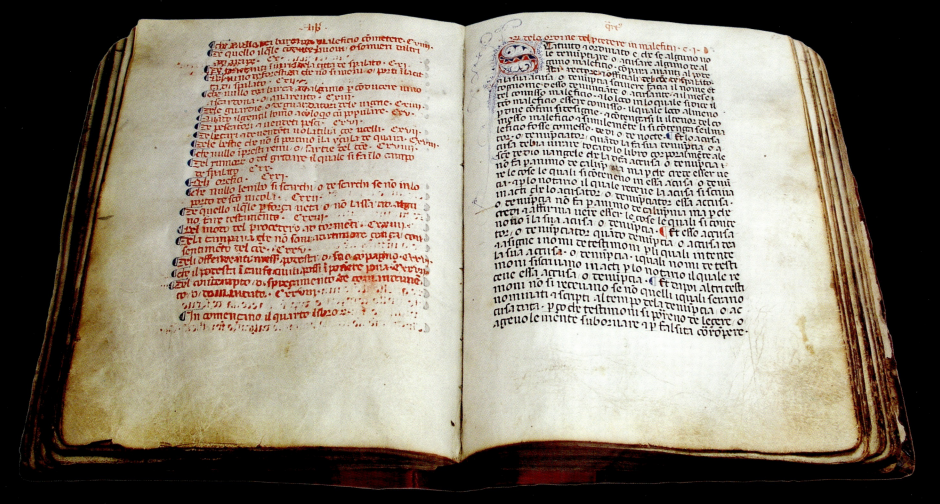

89

PALAČE U PALAČI

Među srednjovjekovnim kućama koje su podignute na mjestu antičkih trijemova Carda ističe se palača d'Augubio - trgovca doseljenog u 15. stoljeću iz talijanskog Gubbia s dvorišnim portalom koji je isklesala radionica Jurja Dalmatinca. U obližnoj je Žarkovoj ulici, istočno od Carda, Papalićeva palača u kojoj je sjedište obnovljenog Muzeja grada. To je kompleks zgrada koji je u jedinstvenu cjelinu povezao projekt Jurja Dalmatinca sredinom 15. stoljeća. Početkom 16. stoljeća u toj se kući, što je tada pripadala splitskom plemiću Dmini Papaliću nalazila zbirka antičkih kamenih natpisa iz Salone koje u jednom traktatu opisuje njegov prijatelj pjesnik Marko Marulić. Ljepotom arhitektonske izvedbe ističe se zatvoreno dvorište s bogato ukrašenim portalom i ložom, te dvorana prvog kata s reprezentativnom kvadriforom i obnovljenim drvenim stropom. Uz Zlatna vrata nalazi se lijepa romanička palača s elegantnom biforom na drugom katu. Ona je na pročelju većeg sklopa zgrada koje je u njegovom sjeverozapadnom dijelu preuredio Juraj Dalmatinac ostvarivši tu jedno od ljepših ranorenesansnih dvorišta u Dalmaciji, s vrlo zanimljivom otvorenom ložom nad njim. U tijesnoj Krešimirovoj ulici, koja vodi prema zapadnim Željeznim vratima Palače, nalazi se s desne strane lijepa barokna palača stare plemićke obitelji Cindro, s pročeljem koje se može usporediti s reprezentativnim pročeljima venecijanskih palača istoga doba.

PALACES WITHIN THE PALACE

Among the medieval houses which arose on the place of the antique porches of Cardo the Palace d'Augubio stands out – owned by a tradesman from the Italian Gubbio in 15th century with a courtyard portal made by the workshop of Juraj Dalmatinac. In the nearby Žarko`s street east of Cardo, the Papalić palace in which the centre of the renovated museum of city of Split is situated. It is a complex of buildings connected into one by a project of Juraj Dalmatinac in the middle of 15th century. In the beginning of the 16th century in that house, which than belonged to the nobleman of Split Dmin Papalić, a collection of antique stone inscriptions from Salonae was situated, as described in a tractate by his friend and poet Marko Marulić. By the architectural beauty the closed courtyard stands out with richly decorated portal and loggia, as well as the representative four-fold opening in the hall on the first floor and a renovated wooden ceiling. By the Golden gate a beautiful Romanesque palace is situated, with an elegant two-fold opening on the second floor. It is on the façade of most buildings which were redecorated in their north-western part by Juraj Dalmatinac accomplishing by it one of the most beautiful early renaissance courtyards in Dalmatia, with a very interesting open loggia over it. In the narrow Krešimir`s street, which leads towards the west Iron gates of the Palace, on the right hand side there is a beautiful baroque palace of an old noble family Cindro with a façade which can be compared to representative facades of Venetian palace's of the same time.

I PALAZZI NEL PALAZZO

Tra le case medioevali costruite al posto dei portici antichi si distingue il palazzo d'Augubio – del commerciante italiano venuto da Gubbio nel XV secolo, il cui portale del cortile fu scolpito dalla bottega di Juraj Dalmatinac (Giorgio il Dalmata). Nella vicina via Žarkova, ad est del Cardo, si trova il palazzo della famiglia Papalić che oggi ospita il rinnovato Museo della Città. Si tratta di un complesso degli edifici collegati nell'insieme organico dal progetto di Juraj Dalmatinac verso la metà del XV secolo. All'inizio del XVI secolo, nel palazzo allora appartenente al nobile cittadino Dmine Papalić, si trovava una collezione di antiche iscrizioni in pietra provenienti da Salona che in uno dei suoi trattati ha descritto il poeta Marko Marulić. Per la sua eleganza architettonica si distingue il cortile con loggia e portale riccamente ornato e la sala del primo piano con una grande quadrifora ed il soffitto in legno restaurato. Accanto alla Porta d'oro si trova un bel palazzo romanico coll'elegante bifora al secondo piano. Il palazzo fa parte di un complesso più grande. Restaurando la sua parte nord-occidentale Juraj Dalmatinac ci ha realizzato uno dei più bei cortili rinascimentali in Dalmazia con la bellissima loggia aperta al primo piano. Nella stretta via Krešimirova che porta verso la Porta occidentale del Palazzo, dal lato destro si trova il bel palazzo barocco della famiglia Cindro la cui facciata si può comparare con le facciate dei palazzi veneziani della stessa epoca.

LES PALAIS DANS LE PALAIS

PALÄSTE IM PALAST

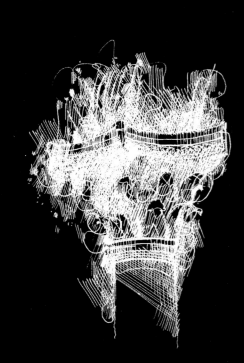

Parmi les maisons médiévales bâties à l'emplacement des antiques portiques du cardo se distingue la demeure patricienne, le palazzo (petit palais) de la famille Augubio – commerçants immigrés au XVe *siècle de la ville italienne Gubbio - avec son portail de cour, ouvrage des ateliers de Georges le Dalmate. Dans la voisine rue Žarkova ulica à l'Est du cardo, se dresse le palais Papalić abritant aujourd'hui le Musée de la Ville. Il s'agit d'un îlot d'édifices réunis en un seul ensemble sur les plans projetés par Georges le Dalmate vers le milieu du XV*^{e} *siècle Au début du XVI*^{e} *siècle dans cet édifice, qui appartenait encore à l'aristocrate splitois Dmino Papalić, était exposée une collection d'inscriptions sur pierre provenant de l'antique Salone ce que décrit son ami et humaniste, le poète Marko Marulić. Par la qualité de l'exécution architecturale et sculpturale se distinguent particulièrement la cour d'entrée et son portail richement décoré, la loggia et la salle d'apparat du premier étage aux fenêtres représentatives (quadrifore) avec un remarquable plafond en bois récemment rénové. S'appuyant sur la porte d'Or, une belle demeure patricienne romane exhibe une élégante fenêtre jumelée au deuxième étage. Façade d'un îlot de bâtiments, cet édifice fut dans sa partie nord-ouest réaménagée par Georges le Dalmate pour y réaliser l'une des plus belles cours de la première Renaissance en Dalmatie avec, au premier étage, une intéressante loggia. Dans l'étroite rue Krešimirova ulica qui conduit vers la porte de Fer, on remarque à droite un autre palazzo baroque de la vielle famille patricienne Cindro dont la façade peut être comparée à celles, très représentatives, des palais vénitiens de la même époque.*

Unter den mittelalterlichen Häusern die anstelle der antiken Vordächer der Cardostrasse errichtet wurden, hebt sich besonders der Palast d'Augubio hervor, der einem Händler gehörte, der im 15. Jh. aus dem italienischen Gubbia nach Split kam, mit einem Hofportal das in der Werkstatt des Juraj Dalmatinac gemeißelt wurde. In der nahe gelegenen Žarkova Strasse, östlich der Cardo ist der Papalić Palast, in dem sich der Sitz des renovierten Stadtmuseums befindet. Dies ist ein Gebäudekomplex der zu einer Einheit, im Rahmen des Projektes des Juraj Dalmatinac, in der Mitte des 15. Jh. zusammengeführt wurde. Zu Beginn des 16. Jh. befand sich in diesem Gebäude, ehemals Eigentum des splitter Adeligen Domini Papalić, eine Sammlung antiker Steinschriften aus Salona, die in einem Traktat von seinem Freund, dem Schriftsteller Marko Maruliæ beschrieben wird. In der Schönheit der architektonischen Gestaltung ist vor allem der geschlossene Innenhof zu erwähnen, mit einem reich verzierten Portal und der Saal in der ersten Etage mit einer repräsentativen Quadriphora und renovierter Balkendecke. Neben dem Goldenen Tor befindet sich ein schöner romanischer Palast mit einer eleganten Biphora in der zweiten Etage. Diese befindet sich in der Fassade eines größeren Häuserkomplexes, den in seinem nord-westlichen Teil Juraj Dalmatinac gestaltete, womit er einen der schönsten früh - romanischen Innenhöfe in ganz Dalmatien schaffte, mit einer sehr attraktiven Loggia die sich darüber befindet. In der engen Krešimir Strasse, die in Richtung des westlichen - Eisernen Tores des Palastes führt, befindet sich rechts ein schöner Barockpalast der alten adeligen Familie Cindro, mit einer Fassade die mit den Fassaden venezianischer Paläste dieser Zeit zu vergleichen ist.

92

PROČELJE PALAČE - LUKA

Južno pročelje Palače razlikovalo se od njezinih kopnenih pročelja raščlanjenošću arhitektonske kompozicije. Između dvije kule (visoke oko 12 m) razvija se pročelje dugačko gotovo 180 metara, s neprekinutom arkadom. Izvrsno je sačuvana jugoistočna ugaona kula koja se u ranom srednjem vijeku našla unutar sklopa nadbiskupske palače. Dvorane bijahu povezane dugačkim trijemom (kriptoportikom) iz kojeg se kroz 42 lučna prozora i tri povišene lođe pružao pogled na more. Bijaše to careva šetnica. Mala Mjedena vrata, kojima se izlazilo k moru, imala su samo funkcionalni karakter, bez reprezentativnosti ostalih portala Palače. Koloristički ugođaj splitske luke, nekoć razglednički šarene od jedara galija, trabakula i gajeta usidrenih pod zidinama carske Palače, pred neorenesansnim Prokurativama, uz barokne lazarete (u koje su se slijevale robe što su karavanama stizale iz turskih zemalja), očarava putnike i slikare. Ugođaj luke prenosi danas u grad stara splitska Ribarnica na kojoj, kao u srednjovjekovno doba, ribari prodaju ono što su prethodne noći ulovili, kao što se na gradskom pazaru prodaje voće i povrće koje je dan prije ubrano u prigradskim poljima i vrtovima. Splitska Riva je najupadljiviji dio gradske slike, najupečatljiviji ulomak fascinacije koju namjernik prvim pogledom stječe. Nekoć "sirotinjski kaput", jer bijaše i zimi preplavljena suncem, danas je permanentna gradska promenada, otvorena galerija splitskih i novopridošlih fizionomija.

FAÇADE OF THE PALACE - THE HARBOUR

The southern façade of the Palace differed from its land facades by the division of the architectural composition. Between the two towers (about 12m high) an almost 180 meters long façade is developed, with a continuous arcade. The southeast corner tower is well preserved which came to be a part of the archbishop's palace in the early middle ages. Halls were connected by a long porch (crypto-porticus) from which through 42 arched windows and three elevated loggias a view of the sea is enjoyed. It was where the Emperor enjoyed his walks. A Little Brass door, which was an exit to the sea, had only a functional character, without being as representative as the other portals of the Palace. The colours of the harbour, once as colourful as a postcard, painted by the sails of galley's and small boats anchored under the walls of the imperial Palace, before the renaissance Prokurative, by the baroque lazarettos (into which goods came with caravans from Turkish lands), astonished travellers and painters. The feeling of harbour is today given by the cities fish market where, as in medieval times, the fishermen sell their catch from the night before, also the cities market offers fruit and vegetables picked the day before in the fields and gardens near the city. Riva in Split is the most noticeable part of the cities picture, the most observable section of fascination which a traveller gains on the first sight. Once "the poor men's coat", for it was sunny even in winter, today a permanent cities promenade, an open gallery of physiognomies from Split as well as the newcomers.

LA FACCIATA DEL PALAZZO - IL PORTO

La facciata meridionale del Palazzo si differiva dalle tre facciate di terra per la sua articolazione della composizione architettonica. Tra le due torri (alte circa 12 m) si estende la facciata lunga quasi 180 metri, aperta da una serie di arcate. È ben conservata la torre sud-orientale che nell'alto medioevo si trovava dentro il complesso dell'arcivescovado. Le sale erano collegate dal lungo portico (criptoportico) le cui 42 arcate e tre logge elevate aprivano la vista al mare. Fu la galleria dove l'imperatore passeggiava. La piccola Porta di Bronzo, che portava al mare, aveva solo carattere funzionale, senza la sfarzosità delle altre porte del Palazzo. L'ambiente coloristico del porto di Spalato, una volta pieno di vele variopinte di galee, trabaccoli e gaete che ormeggiavano sotto le mura del Palazzo imperiale, davanti alle Procurative neorinascimentali, accanto ai lazzaretti barocchi (in cui si depositavano le merci che le carovane portavano dai paesi turchi) affascina i viaggiatori e pittori. L'ambiente del porto oggi viene riflesso in città dalla vecchia pescheria in cui, come nei tempi medioevali, i pescatori vendono la loro pesca della notte precedente, come al mercato cittadino i contadini vendono frutta e verdura raccolte il giorno prima nei campi e negli orti suburbani. La Riva di Spalato è la più impressionante parte dell'immagine cittadina che già al primo sguardo affascina il visitatore. Una volta il "cappotto dei poveri" perché bagnata dal sole anche in pieno inverno, oggi è la permanente passeggiata cittadina, una galleria di fisionomie spalatine e nuove venute.

LA FAÇADE DU PALAIS - LE PORT

La façade méridionale du Palais avait un aspect se distinguant de celles tournées vers la terre ferme par l'articulation de sa composition architecturale. Entre les deux tours d'angles (hautes d'environ 12 m) s'étend une façade, au portique continu courant sur presque 180 mètres de longueur. Très bien conservée, la tour sud-est fut au haut Moyen Age un espace réservé au palais épiscopal. Les salles impériales étaient reliées à la façade par un long portique (cryptoportique) d'où, à travers 42 baies arquées et trois loggias surélevées, une vue imprenable ouvrait sur la mer. C'était le couloir de promenade de l'empereur. La petite Porte de Bronze, par laquelle on accédait à la mer, n'avait qu'une fonction utilitaire sans éléments décoratifs propres aux trois autres portes. L'ambiance colorée du port de Split - autrefois carte postale multicolore aux voiles de galères, goélettes et autres embarcations encrées au pied de l'enceinte impériale, devant les Procuraties néo-Renaissance, le long des lazarets baroques (où se désinfectait pour quarante jours la marchandise provenant par caravane des terres ottomanes) - émerveillait les voyageurs de passage à Split et inspirait les peintres. Cette atmosphère de port se perpétue de nos jours encore à la poissonnerie de Split où, comme au Moyen Age, les pêcheurs vendent ce qu'ils ont péché la nuit précédente, comme on vent au marché les fruits et légumes récoltés la veille et cultivés dans les jardins et potagers des environs de la ville. Le quai de Split, la "Riva", est la vue la plus caractéristique de la cité, le fragment le plus authentique de la fascination que ressent dès son arrivée tout hôte imprévu. Autrefois "manteau du pauvre", inondé de soleil même en hiver, aujourd'hui c'est la promenade à la mode de la ville, une galerie en plein air des physionomies de Splitois et de nouveaux venus.

PALASTFASSADE - HAFEN

Die Südfassade des Palastes unterschied sich durch die verspielte architektonische Komposition von den Fassaden die in Richtung Festland gewandt waren. Zwischen zwei Ecktürmen (ca. 12 Meter hoch) entwickelt sich eine Fassade von fast 180 Meter Länge, entlang welcher eine ununterbrochene Arkade verläuft. Der süd-östliche Eckturm ist wunderbar erhalten und befand sich im frühen Mittelalter im Komplex des Erzbischofspalastes. Die Säle waren mit einer langen, überdachten Passage verbunden, von der sich durch 42 Bogenfenster und drei erhöhte Loggien ein schöner Blick auf das Meer bot. Das kleine Bronzetor das Zugang zum Meer ermöglichte, hatte nur einen funktionellen Charakter, es trug nicht die repräsentativen Merkmale der Landtore des Palastes. Das farbenprächtige Ambiente, mit Segeln der Schiffe, Gallien und Galeeren, die wie auf einer Postkarte vor den Mauern des kaiserlichen Palastes, des Renaissanceplatzes Prokurative oder neben den barocken Lazaretten (durch die alle Güter die mit Karavanen aus türkischen Ländern eingeführt wurden, kamen) auf Anker lagen, begeistert bis heute alle Reisenden und Maler. Dieses Hafenambiente ist bis heute auch im Fischmarkt zu spüren, in dem wie im Mittelalter, Fischer den Fang der vergangenen Nacht anpreisen, so wie auf dem Stadtmarkt auch heute noch, gerade geerntetes Gemüse und Obst aus der Umgebung verkauft wird. Die splitter Uferpromenade „Riva" ist der meist ausgeprägte Teil des Stadtbildes, das erinnerungsträchtigste Segment das der Besucher beim ersten Blick auf die Stadt erlebt. Früher einmal der „Armenmantel", denn auch im Winter wärmte Einen die Sonne hier, ist die Riva eine ständige Flaniermeile, eine offene Galerie der lokalen und neu dazugekommenen Gesichter.

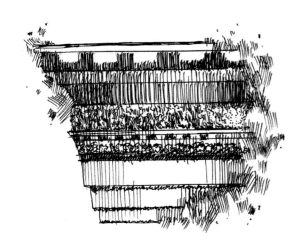

PALACA U UMJETNOSTI

Dvadeseto stoljeće u splitskoj likovnoj kulturi počelo je 1908. godine velikom izložbom u tek sagrađenom Hrvatskom domu. Izlagahu tada Bukovac, Medović, Rendić, Rosandić, Rački, Vidović, Anđeo Uvodić, Draganja, Dešković, Frano Angeli-Radovani, Ivan Meštrović, protagonisti hrvatske umjetnosti. Mjeru će tom stoljeću odrediti ambicije koje su, prirodno, nastale u gradu kojim su nekoć šetali carevi. Međuratno slikarstvo u Splitu razvijalo se između dva lokalna pola - Emanuela Vidovića i Ignjata Joba. Vidovićevo je slikarstvo nakon Drugog svjetskog rata postalo tradicijom na kojoj će se razviti slikarstvo Jakova Pavića i Ljube Ivančića. Iz međuratnog Splita, međutim, na put su krenuli i drugi umjetnici koji su u znatnoj mjeri obilježili razvoj hrvatske moderne umjetnosti: Marino Tartaglia koji je svojom ekspresionističkom fazom "razbio ogledalo" tradicionalnog hrvatskog slikarstva. Pa ipak, danas njegove splitske slike prepoznajemo po jasnoći konstrukcije, kolorističkoj zasićenosti, "tartaljinskom sfumatu". Poslije Meštrovića danas se osobito ističe nova kiparska linija: Kažimir Hraste, izvanredni portretist, psiholog lica; Kuzma Kovačić, prepoznatljiv po bogatim tematskim asocijacijama; Dalibor Stošić čija nas djela navode da govorimo o simbolima koji poniru do dubljih slojeva fantazije; Vasko Lipovac sa svojim sažetim plastičkim jezikom, sjetom bez patetike, monumentalan i u malome; Matko Trebotić čiji se opus, u prvom redu slikarski, razrastao u alegorijski sustav, te niz drugih umjetnika, koji su dokaz živog pluralizma ovdašnjeg suvremenog slikarstva i kiparstva, grafike i fotografije što ih je ovaj grad stvorio.

PALACE IN THE ARTS

The twentieth century of Split's art culture began in the year 1908 with a big exhibition in the just built Croatian house. Exhibitionists were Bukovac, Medović, Rendić, Rosandić, Rački, Vidović, Andjeo Uvodić, Draganja, Dešković, Frano Angeli-Radovani, Ivan Mestrović, the protagonists of Croatian art. The proportion in that century will be determined by the ambitions which have, naturally, come alive in the city where emperors walked. The mid-war painting in Split grew between two local polls – Emanuel Vidović and Ignjat Job. Vidović`s painting became tradition after the second world war on which the painting of Jakov Pavić and Ljubo Ivančić will develop. From the mid-war Split, however, also the other artists went on a journey and meaningfully marked the development of the Croatian modern art: Marino Tartaglia who with his expressionists fazes "broke the glass" of the traditional Croatian painting. And still today his paintings of Split are recognised by the clarity of construction and the colouristic saturation. After Meštrović a new sculptural line is emerging today; Kažimir Hraste an extraordinary portraitist, the physiologist of the face; Kuzma Kovačić, recognised by rich thematic associations; Dalibor Stošic whose works make us talk of symbols which dive into deeper layers of fantasy; Vasko Lipovac with his short plastic language, melancholy without pathetic, monumental even in small; Matko Trebotić whose opus, firstly that of a painter, grew into allegoric system, and a whole line of new artists, are all proof of a live pluralism of the local modern painting and sculpture making, graphics and photography created by this city.

IL PALAZZO NELL'ARTE

Il '900 nella storia delle arti figurative di Spalato è cominciato nel 1908 con la grande mostra nell'appena costruita Casa croata (Hrvatski dom). Vi furono esposte le opere dei maggiori esponenti dell'arte croata come Bukovac, Medović, Rendić, Rosandić, Rački, Vidović, Anđeo Uvodić, Draganja, Dešković, Frano Angeli-Radovani, Ivan Meštrović. I criteri del secolo saranno definiti dalle ambizioni nate nella città per la quale una volta passeggiavano gli imperatori. La pittura tra le due guerre si sviluppa a Spalato tra due poli locali – Emanuel Vidović e Ignjat Job. L'arte di Vidović dopo la seconda guerra mondiale diventa tradizione dalla quale partirà la pittura di Jakov Pavić e Ljubo Ivančić. Dalla Spalato fra le due guerre, però, provengono anche altri artisti che hanno contribuito notevolmente allo sviluppo dell'arte moderna croata: Marino Tartaglia con la sua fase espressionistica «ha rotto lo specchio» della pittura tradizionale croata. Eppure oggi riconosciamo i suoi quadri spalatini per la chiarezza della costruzione, per la densità coloristica e per lo «sfumato tartagliano». Dopo Meštrović oggi è particolarmente interessante la nuova linea di scultori: Kažimir Hraste, eccezionale rittratista, psicologo dei visi; Kuzma Kovačić, riconoscibile per la ricchezza delle associazioni tematiche; Dalibor Stošić nelle cui opere scopriamo i simboli che penetrano nella profondità della fantasia; Vasko Lipovac con la sua concisa espressione plastica, malinconia senza pateticità, monumentale anche nel minuto; Matko Trebotić le cui opere, soprattutto quelle di pittura, si sono sviluppate in un sistema allegorico e tanti altri artisti che testimoniano il vivo pluralismo dell'arte contemporanea, pittura, scultura, grafica e fotografia create da questa città.

LE PALAIS DANS LES ARTS

Les débuts de la vie artistique de Split au XXe siècle furent marqués en 1908 par l'inauguration d'une grande exposition organisée au "Foyer croate" qui venait d'ouvrir ses portes. Elle rassemblait des noms prestigieux, la fine fleur de l'art moderne croate: Bukovac, Medović, Rendić, Rosandić, Rački, Vidović, Anđeo Uvodić, Draganja, Dešković, Frano Angeli-Radovani, Ivan Meštrović. Il semblait que la mesure du nouveau siècle serait donnée par les ambitions qui se faisait jour, presque naturellement, dans cette cité dont les murs avaient jadis vu se promener des empereurs romains. La peinture splitoise de l'entre deux guerres oscilla entre deux pôles locaux – ceux d'Emanuel Vidović et d'Ignjat Job. Après la Seconde Guerre mondiale, la conception picturale de Vidović s'imposa à Split comme une tradition qui sera notamment le cadre où évoluera la peinture de Jakov Pavić et Ljubo Ivančić. Durant l'entre deux guerres des artistes quittent Split et partent marquer de leur empreinte l'évolution de l'art moderne croate. Parmi ceux-ci, Marino Tartaglia dans sa phase expressionniste "brisera le miroir" de la peinture traditionnelle en Croatie. Il n'empêche qu'on peut encore reconnaître ses tableaux, peints à Split, par leur construction claire, leur coloris saturé et leur sfumato "à la Tartaglia". Après Meštrović aujourd'hui se distingue une nouvelle vague de sculpteurs splitois : Kažimir Hraste, remarquable portraitiste et fin psychologue des visages; Kuzma Kovačić, identifiable pour ses riches associations thématiques; Dalibor Stošić dont les oeuvres nous amènent à parler des symboles qui atteignent des niveaux du fantastique les plus profonds; Vasko Lipovac avec son langage plastique concis, son monde sans pathos, monumental même dans le détail; Matko Trebotić dont l'œuvre, avant tout picturale, évolue dans un véritable système allégorique. Bien d'autres artistes sont la preuve du vivant pluralisme qui caractérise l'art plastique contemporain comme aussi d'autres formes d'expression, la photographie et le design que le milieu artistique de cette ville su créer.

DER PALAST IN DER KUNST

Das zwanzigste Jahrhundert begann in der bildenden Kunst der Stadt Split mit dem Jahre 1908. und der großen Ausstellung im gerade fertig gestellten Hrvatski dom - Kroatischen Haus. Damals stellten hier Größen wie Bukovac, Medoviæ, Rendiæ, Rosandiæ, Rački, Vidović, Anđeo Uvodić, Draganja, Dešković, Frano Angeli-Radovani, Ivan Meštrović aus - alle Protagonisten der kroatischen Kunst. Die Dimension dieses Jahrhunderts setzen die Ambitionen, die damals natürlich in dieser Stadt, durch die ehemals Kaiser spazierten, entstanden sind. Die Malkunst zwischen den Kriegen entwickelte sich in Split um zwei Pole - Emanuel Vidović und Ignjat Job. Die Malkunst von Vidoviæ wurde nach dem II. Weltkrieg zu einer Tradition auf der sich die Malkunst des Jakov Paviæ und Ljubo Ivančić entwickeln wird. Aus dem Split der Zwischenkriegszeit kamen aber auch andere Künstler, die im wesentlichen Maße die Entwicklung der kroatischen modernen Kunst gekennzeichnet haben: Marino Tartaglia, der mit seiner expressionistischen Phase „den Spiegel der traditionellen Malkunst Kroatiens zerbrach". Seine Gemälde sind heute dank der Klarheit der Konstruktion, der koloristischen Sättigkeit, dem „tartaglianischen sfumato" erkennbar. Nach Meštrović heute sind in der Stadt vor allem Bildhauer aktiv und bekannt: Kažimir Hraste, ein außerordentlicher Portraitist, ein Gesichtspsychologe; Kuzma Kovačić, erkennbar durch seine reichen thematischen Assoziationen; Dalibor Stošiæ dessen Werke uns dazu bringen über Symbole zu sprechen die bis in die tiefsten Schichten der Phantasie eindringen; Vasko Lipovac mit seiner zusammengefassten plastischen Sprache, einer Trauer ohne Patethik, monumental auch in der Kleinigkeit; Matko Trebotić, dessen Opus in erster Linie malerischer zu einem Allegoriesystem anwuchs und eine ganze Zahl anderer Künstler die Beweis des lebenden Pluralismus der hiesigen modernen Malkunst und Bildhauerei, der Graphik und Fotographie sind, die diese Stadt geschaffen hat.

CIP-Katalogizacija u publikaciji
Sveučilišna knjižnica u Splitu

UDK   728.8(497.5 Split)

   PALAČA = The Palace = Il Palazzo = Le Palais = Der Palast/ ‹editor Vedran Matošić; text written by Joško Belamarić; translation English Nataša Bušić, Italian Linda Palameta, German Damir Grgas, French Gerard Denegri; photos Branko Ostojić; artwork Vjekoslav i Đenko Stipica›. —Split: Slobodna Dalmacija, 2005. —111 str.: ilustr. (pretežno u bojama); 21x30 cm

Hrv. tekst i usporedo prijevod na više jezika. — Na vrhu nasl. str.: Croatia-Split. — Imena autora preuzeta sa str. 2.

ISBN   953-7088-24-3

ISBN   953-7088-24-3

GREYSCALE
BIN TRAVELER FORM

Cut By Yunien   Qty #36 B   Date 11.04

Scanned By Claudia Diaz   Qty   Date 11/05

Scanned Batch IDs

1998152676

Notes / Exception